# 走り方新時代

「前回しの走り」で足は速くなる

日本スポーツ協会公認アスレティックトレーナー
五味宏生 著

マイナビ

# クイックネスを実現するフォームを修得しよう!!

# 共通する

*Soccer*

*Baseball*

*Basketball*

*Rugby*

*American Football*

*Lacrosse*

*Tennis*

*Handball*

*Volleyball*

*Badminton*

*Table Tennis*

*else*

せっかく日々の練習を通じて体力があるにもかかわらず、走り方が原因でケガをしたり、最後の一歩で競り負けてしまう選手が多いようです。

多くの競技において、その距離に違いはあるものの、スプリント能力が必要とされています。同時にターンやクイックストップなどの「動きのキレ」が競技力を高めるために不可欠です。

ランニングメカニズムを正しく理解して正しいフォームを身につけることで、誰もが今より速く走れるようになります。そして、最後の一歩で勝ち切れる選手になりましょう。

# すべてのスポーツ競技に求められるスピードや

# 陸上競技だけじゃない!!

## 速く走るためのフォームは

# すべてのスポーツに

*速く走るためのフォームは
すべての競技で共通。
今までは何となく速く
走れていた人でも
ランのメカニズムを理解し、
フォームを意識することで
まだまだ速く走れるようになる*

　陸上競技以外のスポーツをやっている多くのアスリートは、今までランニングフォームについて、それほど深く考えたことはないことと思います。それぞれ自己流の走りのなかで、体力や身のこなしを体得してきたことでしょう。

　体の成長や日々のトレーニングで筋力をつけていけば、もちろん多少は速く走れるようになりますが、正しい走り方を身につければ、もっと速く走れるようになります。

　残念ながら、スポーツの現場を見ていると、未だにランニングスキルに関しては無頓着なことが多いように感じます。

## 中長距離走のフォーム

する必要があります。

しかし、体型や体の特徴は人それぞれ。自分に合ったフォームを身につけることが大切になります。そこで基本となる「姿勢」を作るのが次のステップです。

姿勢に関しては、もともとの特性もあるので、自分の体の特徴を理解して、矯正すべき部分は矯正し、筋力で補強できる部分に関してはトレーニングで補うことが大切です。

「前回し」のフォームは多くの人にとって、今までと大きく感覚が異なるはずです。ドリルを通じて、正しい体の使い方を身につけていきましょう。

# 今より速く走るための

# 3つのステップ

今よりワンランク上の走りを実現するためには、今まで気にしてこなかったランニングに着目してみよう。ステップに沿って速い走りを手に入れよう！

## ①ランニングメカニズムを理解

## ②正しい姿勢を身につける

## ③必要なトレーニング&ドリル

　速く走るために必要なのは、まずメカニズムを理解すること。現在、もっとも速く走れるようになるためのキーワードは「前回し」。これは「足を体の前で回す」ことを意味します。

　そして、最近になって変わってきたこともあります。今まで「前回し」の走りは短距離走の走り方と考えられてきましたが、今は長距離選手もこのような走り方になってきています。

　この走り方をするに当たって、「足の接地」と「姿勢」がポイントとなります。ランニングフォームを修得するに当たって、まずこれらのポイントを正しく理解

# Part 1 速く走るためのランニングフォームとメカニズム …… 13

# CONTENTS

# CONTENTS

# Part 4 今より速く走るための補強トレーニング&スキルトレーニング

# CONTENTS

# CONTENTS

# Part 1

# 速く走るためのランニングフォームとメカニズム

スプリント（短距離走）のフォーム

ディスタンス（長距離走）のフォーム

### シューズテクノロジーが走りを変えた!!

# スプリントとディスタンスの走りがほぼ同じフォームになった

この数年、トップランナーを見ていると、スプリントとディスタンスの走り方がほぼ同じになってきていることに気づくと思います。正確には、長距離ランナーのフォームがスプリンターのフォームに近づいたと言えます。これを可能にしたのがシューズの進化です。つまり、速く走れるシューズの出現によって、フォームも変化しました。

誰もが「厚底シューズ」という言葉を耳にしたことがあると思います。そのクッション効果が高いことから、世界陸連が２０２４年からトラック＆フィールド種目で規制をかけるほどに進化しています。

もともと世界のトップランナーは、従来のシューズでも最新のランニングフォームで走っていましたが、そのためには身体的な強度と筋力が必要とされていました。それが、シューズの進化によって、多くのランナーが実現可能になったのです。まずはシューズの特性を理解しておきましょう。

# 厚底シューズの特性を知っておこう

厚底シューズは、その名の通りソールが厚くクッション性が高いのが特徴。それに加えて先端にかけての傾斜が大きく、前への重心移動がしやすくできている。そして、ソールのなかにその形状に合わせたカーボンなどでできたプレートがあり、大きな反発力を生み出す。

**トゥ**
足を前に運ぶ動作を補助するため、つま先側のカーブが大きい形状になっている

**フォアフット**
ソールの前半分側には反発性の高い素材を使用しているものが多い

**ヒール**
接地の衝撃を吸収するクッション性の高い素材を使用しているものが多い

## *厚底シューズによって誰でも速く走れるわけではない。人によってはケガのリスクが高くなるので要注意!!*

**ここに注意!**

厚底シューズを使いこなすためには、本書でも解説する正しいフォームが必要。つまり、せっかく厚底シューズを購入しても、その恩恵にあずかれない人も少なくない。正しいフォームで走れていれば、クッション性が高くなったことで今までより脚への負荷が軽減される。その一方で、もとからランニングフォームに問題のある人にとっては、ケガのリスクが高くなるというデメリットもある。

**トップランナー向けモデル**

**ミッドソール**
ソールの中にカーボンファイバー製などのプレートを埋め込むなど、さらに高いバネ効果を得るための工夫がされている

**プレートの効果**
トップモデルになると前傾も大きく、特殊素材によるバネ効果も高くなるので、シューズに合ったランニングフォームが求められる

「スプリントの定説」が長距離にも当てはまる時代が到来!!

# 地面を後ろに蹴るのでなく、前に重心移動するから速くなる

「地面を後ろに強く蹴れば速く走れる」、「足首のスナップを使う」などと考えている人はいないでしょうか？

確かに40年ほど前はそのように考えられていたかもしれません。しかし、そのような走り方ではエネルギーロスが大きく、速く走れないだけでなく、すぐに疲れたり、足首やひざへの負担が大きく、ケガのリスクも高くなります。

ランニングでは、上体を前傾させた姿勢を保ちながら、前に踏み出した足で体を支えます。このくり返しが「走るという動作」です。

そして、踏み出した足で地面を真下に押す力が強いほど、体をより速く前に運ぶことができます。また、速く走るためには、前後の脚を素早く入れ替える必要があります。

地面を後ろまで蹴るイメージを持っていると、正しい接地の感覚がつかめず、素早い脚の入れ替えもできなくなってしまいます。体の前側に意識を置くことが大切です。。

## ランニングの基本は「重心移動」

この感覚を身につける

ランニングの基本は重心移動のくり返し。前に踏み出した足で体重を支えるのが基本となる。まず、まっすぐに立ったところから体を前方に倒していこう。倒れそうになったところで自然に片脚が前に出て体重を支えるはずだ。このくり返しがランニング動作ということになる。

アゴが前に出ていたり、背中が丸まっていると、地面から受けた反力を前に伝えるときにロスが生じる

## 体の前方で前後の脚を入れ替えるイメージを持つ

接地したときに素早く前後の脚を入れ替えるためには、体の前方で前後の脚で挟み込むイメージを持つことが大切。

後方に向かって地面を蹴るイメージで走ると後方に脚が流れて、脚を入れ替える位置も体の後方になってしまう。

足首で蹴ろうとしてスナップを使うと「後ろ回し」の走りになる

「脚力の強さ」だけでは速く走れない!!

# 速く走るためのポイントは①姿勢、②出力、③タイミング

速く走るためには、①正しい姿勢でのランニングフォーム、②発揮する力の大きさ、③脚を入れ替えるタイミングの3つの要素が必要になります。

接地の際に地面から受けた反力を効率よく推進力につなげるためには、そのエネルギーをロスすることなく伝達するための姿勢が必須です。背中が曲がっていたり、足をクッションのように使って衝撃を逃してしまうと、推進力として得られる力も小さくなってしまいます。

また、ランニング動作では、足を接地させると同時に、もう一方の脚を前に引きつけます。

接地のときに地面を押す力が強いほど大きな推進力を得ることができます。また、後ろ脚を素早く前に送り出すことで、接地した足で地面を押す力がさらに強まります。

そのためにも、速く走るためには、接地と脚の入れ替えをタイミングよく行うことが不可欠になります。

## ❶ 姿勢

### ランニングフォームを左右する日常の姿勢をチェックしよう

ランニングフォームの基本となるのは日常の姿勢。日ごろから姿勢の悪い人は、複雑な動作をしたときに、その悪癖が顕著に現れてしまう。まず普段の立ち姿勢や歩き方をチェックすることから始めよう。

SELF CHECK

立位姿勢

← P.40参照

## ❷ 出力

### 走るために必要な筋力がどの程度備わっているか確認しよう

地面からの反力を生かすためには、その衝撃を受けたときに姿勢を維持するための筋力が必要になる。ランニングフォームを身につけるトレーニングをする前に、自分の体をコントロールするために必要な最低限の筋力が備わっているかを確認しておくことが大切だ。

SELF CHECK

筋力チェック

← P.41参照

← P.60参照

## ❸ タイミング

### 両脚で挟み込む（シザース）動作や腕振りのタイミングを覚える

今まで地面を蹴って走っていた人が、正しいフォームを身につけるときにもっとも苦労するのが、接地の踏み込み動作と接地に合わせて脚を引きつけるタイミング。足を接地させる感覚と合わせて、タイミングの練習をしておこう。

タイミングをつかむためのトレーニング

← P.112～参照

接地した足で踏ん張らないから地面でバウンドできる!!

# 接地でバウンディングのように下に向かってポンと叩くイメージ

速く走るために大切なのが、接地した足で地面を真下に強く押すことです。

しかし、いくら足で地面を強く押しても、地面に力を伝えるときに足首が固定できていないと、その力を生かせません。そこで、まず大切になるのが、接地のときの「足首の使い方の感覚」をつかむことです。

接地の瞬間に足首が固定されていることで、地面を真下に押す動作にさらに足首のバネの力が加わることで、地面を押す力を増幅することができます。

そのためには、足が接地する前から足首を固めておく必要があります。接地の瞬間だけ力を発揮しようとすると、足首のスナップを使った動きになってしまうので注意しましょう。

実際は、前に進みながらの動作になるので、客観的に見ると地面を斜め後方に蹴る動作となりますが、体を動かす感覚としては、足首を固めて地面を垂直に押すイメージを持つことで地面で弾む感覚を体感できるようになるでしょう。

# 足首を固めることでアキレス腱のバネ効果で地面から得る力を増幅できる

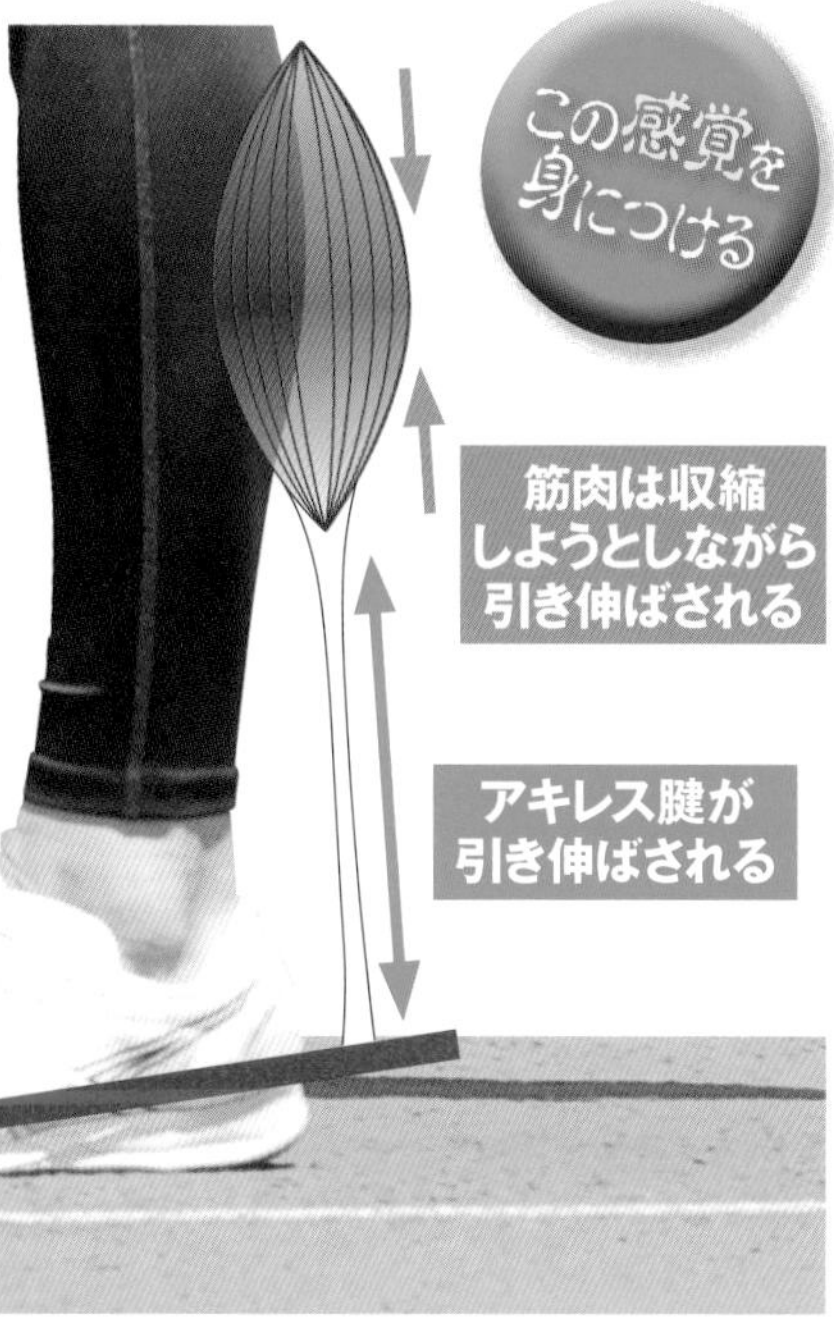
この感覚を身につける
筋肉は収縮しようとしながら引き伸ばされる
アキレス腱が引き伸ばされる

ふくらはぎの筋肉を緊張させて接地することで、接地したときにアキレス腱が伸び、そのバネ効果で地面から受けた力を増幅することができる。

接地の瞬間に足首を固めようとすると、地面を蹴るような動きになってしまうので注意しよう。

DRILL & TRAINING

## 地面からの反力を生かすためのドリルで地面で足首の使い方を身につけ、地面で弾む感覚をつかもう!!

プライオメトリクスやポップコーンスキップで正しい足首の使い方を覚えることで、地面で弾む感覚を身につけられる。ふくらはぎの筋肉を使って足首を固めた状態で接地できるようになろう。

●プライオメトリクス ← P.121参照

●ポップコーンスキップ ← P.122参照

### これが厚底シューズ時代の「ニュースタンダード」だ！

# 「かかと接地」は過去の俗信！「ベタ足〜つま先」が理想の接地

地面から受ける反発力を使って今までより速く走るためには、足の接地時間を短くする必要があります。そこでポイントとなるのが「接地の方法」です。

ランニングのフォームは、接地方法によって、足のつま先寄りで接地する「フォアフット走法」、ベタ足（フラット）で接地する「ミッドフット走法」、かかとから接地する「ヒールストライク走法」の3つに分類されます。そして、つま先接地→フラット接地→かかと接地の順に接地時間が長くなります。

短距離選手で「かかと接地」で走る人はいませんが、長距離になると「かかと接地」で走っている人も多く見られます。しかし、ヒールストライク走法では、厚底シューズのメリットを生かせないだけでなく、ケガのリスクが高くなります。

接地時間を短くして、バネ効果を最大に使うには「つま先接地」がもっとも適しています。難しい場合は、まず「フラット接地」を目標に筋力を強化するといいでしょう。

## フラット〜つま先の接地で接地時間とエネルギーロスを大幅に削減できる!!

かかと接地と比べたときに、フラットやつま先で接地すると単純に接地時間が短くなる。さらに、足首を固めてバネを使うことで、エネルギーロスも少なくなり、効率よく推進力を得ることができる。

接地した足にかかる力（足圧）の推移

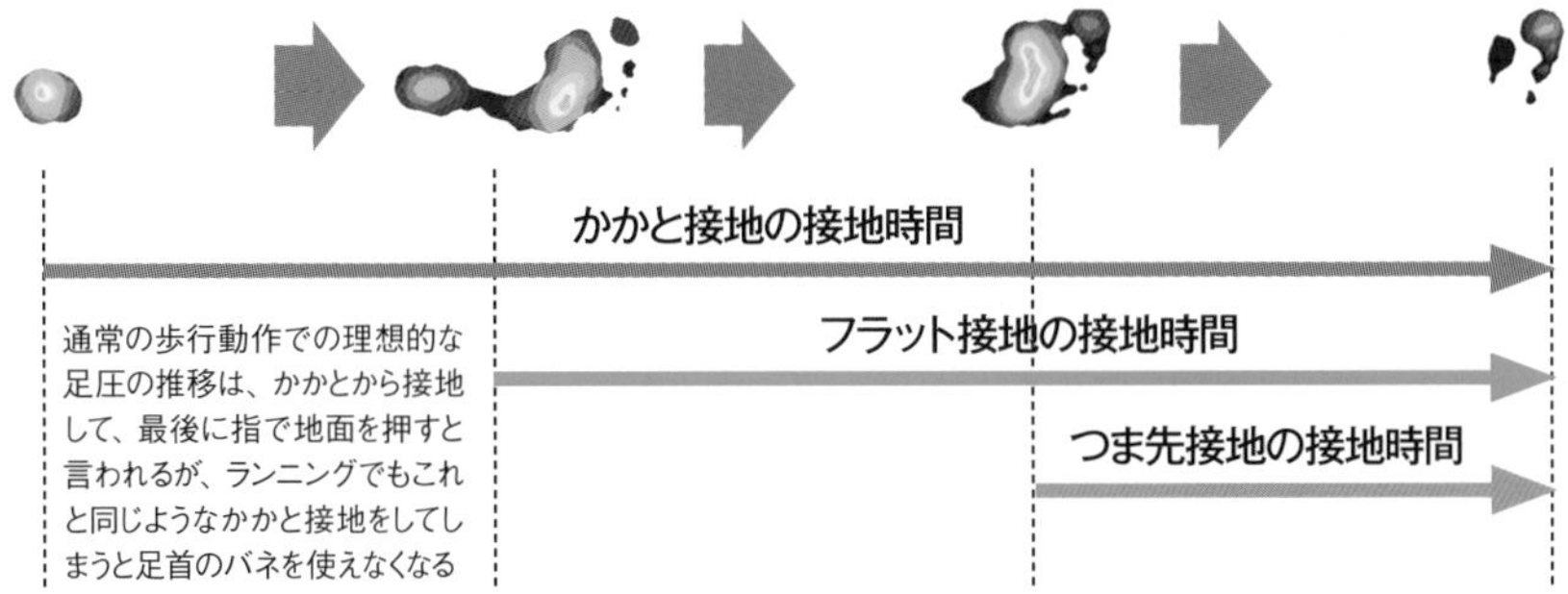
かかと接地の接地時間
通常の歩行動作での理想的な足圧の推移は、かかとから接地して、最後に指で地面を押すと言われるが、ランニングでもこれと同じようなかかと接地をしてしまうと足首のバネを使えなくなる
フラット接地の接地時間
つま先接地の接地時間

## つま先接地が可能になるとバネ効果が高まってより大きな反力が得られる

足首を固定してつま先から接地することで、フラット接地よりもバネ効果が高まり、地面で弾む動きが強調される。高性能シューズを使うことで足首への負担が緩和され、さらに大きな推進力を得ることができる。

反力

## 「かかと接地」はタイムロスだけでなくケガのリスクが高まる

ここに注意！

かかとから接地するヒールストライク走法の人が厚底シューズを使用する場合は注意が必要。ヒール部分のクッション性が高いシューズでは、かかとから接地したときに荷重方向が左右にブレると安定性を失い、足首、ひざ、股関節まわりに大きな負荷がかかり、ケガのリスクが高くなる。

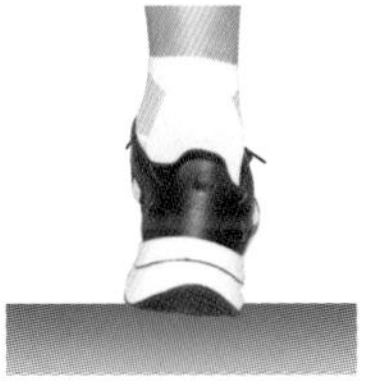
クッション性の高いシューズでのかかと接地ではバランスを維持するのが難しい

ベタ足〜つま先接地に比べて、かかと接地では接地時間が長くタイムロスにつながる

理にかなった走り方をすれば速く走れるようになる!!

# つま先接地をすることで高い推進力を得ることができる

「つま先接地」をすることで、接地時間が短くなり、バネ効果も得られることを説明してきましたが、その恩恵を受けるためには、筋肉を使うタイミングも今までと変える必要があります。

接地後に足首を使って地面を後方に蹴る動作は、ふくらはぎの筋肉が収縮する（コンセントリック収縮）ことで力を発揮して、足首をスナップさせます。

一方、接地前から足首を固めて地面を真下に押す動作では、足首を固定するためにふくらはぎやすねの筋肉（下腿三頭筋）が使われます。このとき、接地の衝撃で引き伸ばされようとする筋肉が伸びないようにするための筋収縮（エキセントリック収縮）が起こっています。つまり、「かかと接地」で走っていた人が「つま先接地」にするためには、これまでと全く異なるタイミングでふくらはぎの筋肉を使うことになります。

また、足首を固めて「つま先接地」することで、バネ効果が加わり、今までより大きな推進力を得ることができます。

## 走り方によって筋肉の使い方が変わる

この感覚を身につける

### 接地前から動員される足首を固定するための筋肉

足首を固めて接地することで、ふくらはぎの筋肉やアキレス腱は、引き伸ばそうとする外力に抵抗するために収縮しようとする（エキセントリック収縮）

エキセントリック収縮

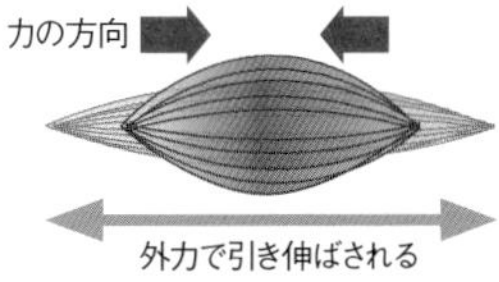
力の方向
外力で引き伸ばされる

足首を固める筋肉
腓腹筋
ヒラメ筋
アキレス腱
前脛骨筋

#### 接地後に足首のスナップを使った場合

NG

下腿三頭筋の伸張と収縮によって力が発揮される。地面を後方に蹴る動作ではおもに背部の腓腹筋やヒラメ筋の収縮によって力が発揮される（コンセントリック収縮）。接地の力を増幅できない

### 足の入れ替え局面で動員される筋肉

脚を引きつける筋肉
腸腰筋（大腰筋＋腸骨筋）
大腿四頭筋
地面を押す筋肉
臀筋群
ハムストリング

前の脚を後方に送り出すためにお尻の筋肉（大臀筋などの臀筋群）や太もも背面の筋肉（ハムストリング）が動員される

後方の脚を前に引きつけるために股関節前面の筋肉(腸腰筋)や太もも前面の筋肉（大腿四頭筋）が動員される

### ランニングの基本は進行方向への重心移動!!

# 接地時間と脚の入れ替え時間を短くすればスピードは速くなる

接地時間を短くすると同時に、タイミングを合わせて前後の脚を入れ替える動作を素早くすることで、自動的に走るスピードは速くなります。

後ろ脚を前に引きつける動作で、接地する足で下に踏む力を増幅させることができるからです。接地のタイミングに合わせて、前後の脚を挟み込む動作（シザース動作）を意識しましょう。

接地のときに脚が体の後方に残っていると、脚の入れ替えに時間がかかって速度が出なくなります。

素早いシザース動作を行うために必要なのが、股関節前面の腸腰筋です。タイミングよくシザースするためにも筋力を高めておくことが大切です。

ジョギングなどで長距離をゆっくり走るぶんには、それほど腸腰筋を使う必要がありません。しかし、トップランナーは長距離走でも腸腰筋を使った走りをしています。これが市民ランナーとの違いです。腸腰筋を使った走りで、今よりさらにレベルアップしていきましょう。

## 接地した足で体重を支え、もう一方の脚を素早く前に運ぶ

ランニング動作の基本は、重心を支える動作。左右の脚の入れ替えは、「シザース」と呼ばれる前後の脚によるはさみ込み動作。これをタイミングよく続けるにはかなりの筋力が必要とされる。地面で弾む感覚、接地のタイミングなどのスキルトレーニングと同時に筋力トレーニングをすることが大切だ。

ランニング動作は重心を足で支える動作のくり返し。踏み出した足の接地時間を短くすることが「速い走り」につながる

DRILL & TRAINING

← P.114参照

### 脚の入れ替えドリルで素早いシザース動作を身につける!!

脚を入れ替える「シザース動作」、そのタイミングを身につけるために、脚の入れ替えをフォーカスしたドリルをやっておこう。素早いシザース動作ができるようにしておこう。

## 「脚の入れ替え速度=ランニング速度」短距離走と長距離走の走り方の違いとは?

長距離走では、かつては脚が後ろに残っていてもいいとされていたが、シューズの進化もあり、今は徐々にスプリントのランニングフォームに近づいてきている。

### かつての長距離走の脚の位置

以前の長距離走の走りでは、脚が後方に残っていても問題ないとされていた

### スプリント(短距離走)

浮いている脚のひざが接地した足を追い越し「4の字」になる

### ディスタンス(長距離走)

短距離走よりも前傾が浅く、ひざの位置は少し後方になる

走行距離や性別に関係なく、「歩隔」はランナーによって異なる

ランニングは左右の脚を交互に振り出す動作!!

# 見た目は歩隔で変わるが走りのメカニズムは 2軸動作

ランニングフォームに関して語るときに「一軸走法」や「二軸走法」といった言葉をよく耳にします。トップランナーたちを見ると、短距離スプリンターのほとんどは二軸走法、中長距離ランナーに関しては、どちらの走法がランニングに向いているかには諸説あります。

一軸走法では、体の中心に軸を置き、その軸を中心に体をひねる動作で脚を前に送ります。ここで問題となるのが、股関節まわりの筋力が足りないことで歩隔が狭くなっているケースです。ストライドが狭いランナーに多く見られます。

接地のときに片脚で骨盤を水平に保てる股関節まわりの筋力が備わっていれば、自然に二軸に近い動きになり、それに伴って歩隔も少し広くなるでしょう。

片脚ケンケン

片脚でケンケンしたときに軸足側の股関節まわりの筋力が足りないと上体を傾けてバランスをとる代償動作が起こる

← P.60参照

# ランニングフォームは肩甲骨と股関節を基点に四肢を動かす2軸動作になる

ストライドを出すために骨盤を大きく回さないように注意しよう。自分で意識して骨盤や体幹をひねるのでなく、素早く手脚を入れ替える意識を持つことが大切。この動作がタイミングよく行えていれば、フォームは自然に2軸動作になる。

体背面の運動連鎖（肩甲骨・広背筋・臀筋）

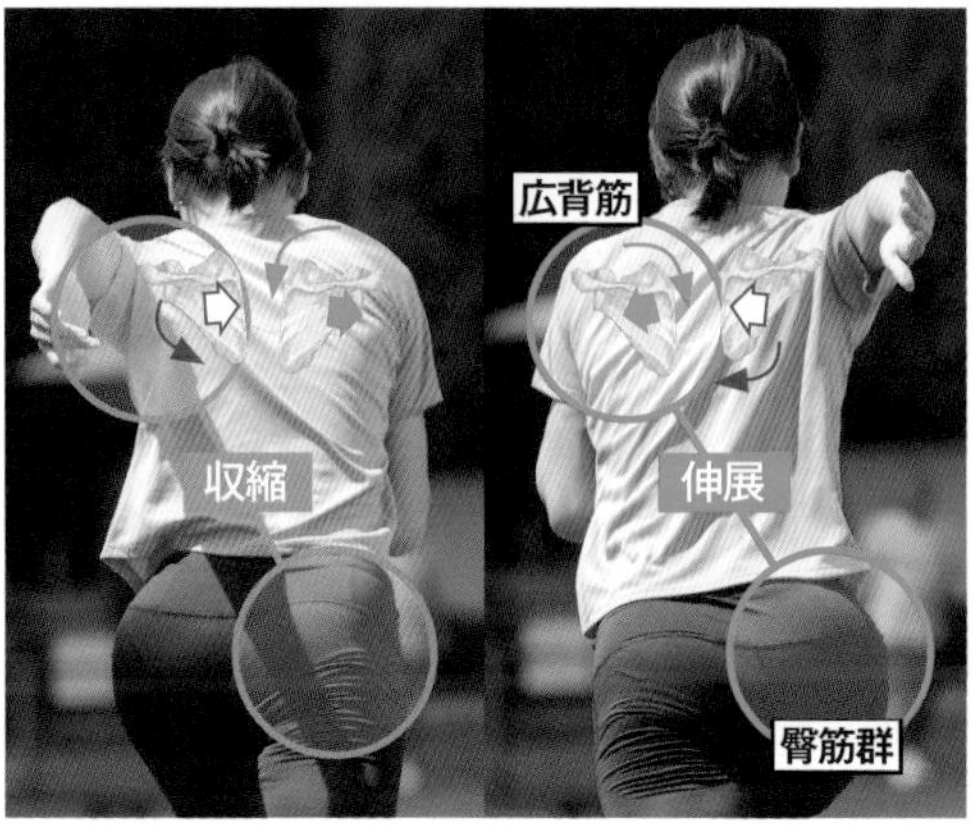
広背筋
収縮
伸展
臀筋群

体前面の運動連鎖(胸郭・体幹・股関節)

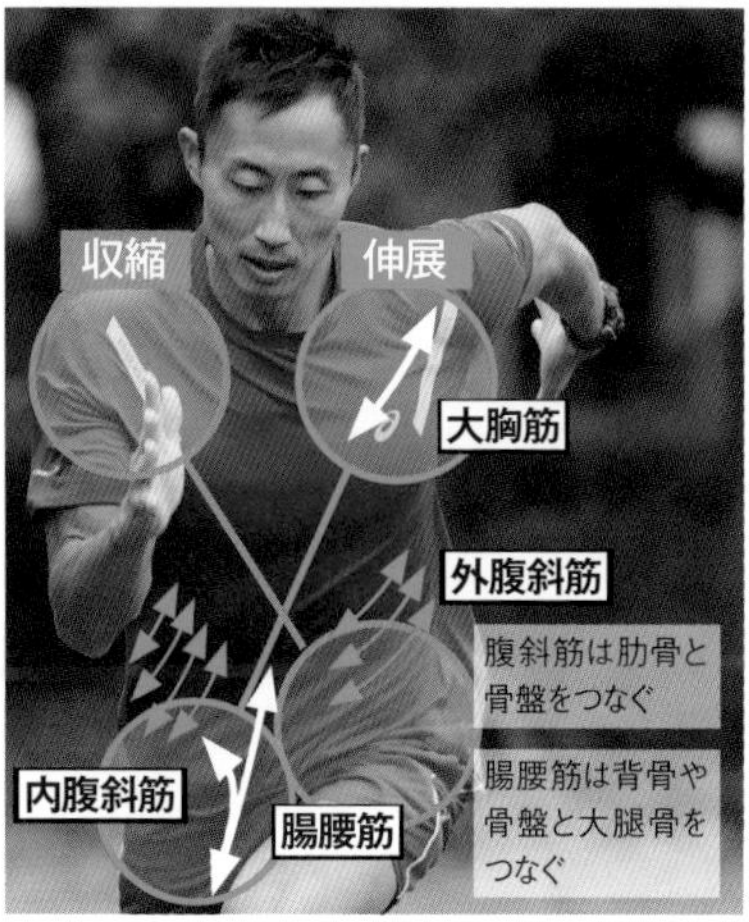
収縮
伸展
大胸筋
外腹斜筋
腹斜筋は肋骨と骨盤をつなぐ
内腹斜筋
腸腰筋
腸腰筋は背骨や骨盤と大腿骨をつなぐ

腕を前に振り出す動きでは、肩甲骨が外側に動き（外転）、腕を振り出す方向に回旋（上方回旋）する。腕を後方に引く動きでは、肩甲骨が背骨側に寄り(内転)、腕を引く方向に回旋（下方回旋）する

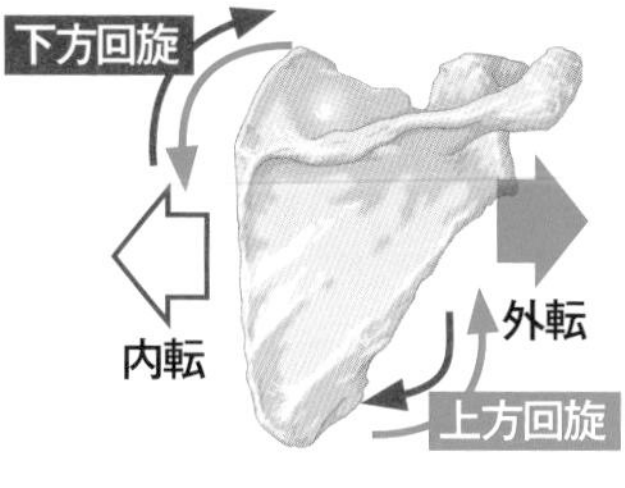
下方回旋
内転
外転
上方回旋

体の前面においても背面においても、体幹のクロス方向での力の発揮や筋肉の収縮が交互に怒っている。腕を後方に振り下げることで大胸筋が伸展して胸郭が動く。体幹に捩れが生じることで、振り下げた側の外腹斜筋と逆側の内腹斜筋が伸展。さらに逆側の腸腰筋が伸展され、脚を前に振り出す動作につながる

タイミングに関しては ← P.35参照

## 一軸走法で厚底シューズを使用することで起こる傷害に注意しよう！

無理に骨盤を大きく回転させようとすると、接地のときに足が内側に入って、体の中心部にかかる負荷が大きくなる。厚底シューズを履くと、さらに接地が不安定になるため、鼠蹊部や仙骨の傷害を起こすケースが増えてきている。

2軸走法をするために必要な筋力をつけておくことが大切だ。

ここに注意!

接地のときにひざが内側に入る人は腕が横振りになっていることが多い。フォームの問題だけでなく、シンスプリントやアキレス腱炎を起こしやすくなる

## 短距離走の 3つの局面

**減速局面**

一般的にピッチが低下すると、接地時間や滞空時間が伸びることでストライドも間延びする

**最大疾走局面**

スピードがもっとも速くなる局面。加速局面が長いほど最大疾走局面も長くなる。「ピッチ型」と「ストライド型」など選手によってタイプが分かれる

**加速局面** (P.66参照)

急激にピッチを上げ、素早く速度を高める。加速局面後半では、できるだけ長く加速するためにストライドを増加させる

### 勘違いしやすい「ピッチ」と「ストライド」の概念を再確認!!

# ストライドとピッチの正しい理解がトレーニング効果を高める

ストライドは歩幅、ピッチは回転数を意味します。この2つは相反するもので、ストライドを広げればピッチは下がり、ピッチを上げればストライドを出しにくくなります。

ストライド×ピッチでタイムが決まります。速い短距離スプリンターに共通しているのは、ピッチが速いうえにストライドが広いこと。とはいえ、どちらかを上げようとしてもう一方が落ちてしまっては意味がありません。

長距離の日本人ランナーにはピッチ走法が多く見られますが、世界レベルでは長距離走でもストライドがタイムに大きく影響していることがわかります。

ストライドを出すためには、地面を真下に押す力を強くすることです。ピッチを上げるためには、素早く脚を入れ替えルための筋力が必要です。だからこそ、長距離ランナーであっても、接地の瞬間のみ大きな力を発揮する体の使い方を覚え、筋力を強化することで確実に速く走れるようになります。

## ストライドを広げるためのトレーニング

接地で真下に大きな力を発揮できるようにするためのトレーニング

●バウンディング ← P.120参照

●スクワット ← P.97参照

●ホッピング ← P.122参照

●デッドリフト系トレーニング各種 ← P.104～参照

## ピッチを上げるためのトレーニング

素早く前後の脚を入れ替えられるようになるためのトレーニング

●脚の入れ替え ← P.114～119参照

●ウォールドリル各種

← P.99参照

●腹筋系トレーニング各種

← P.106～参照

●プランク系トレーニング各種

← P.100～参照

## 前に前にタイミングよく脚を送り出す!!

# 大きくフォロースルーをとらず素早く脚を前に運ぶ

ストライドを広げようとしたときによく見られるのが、足首のスナップを使ったり、骨盤を大きく捻る動作です。骨盤を大きく動かして脚を後ろまで蹴ると、そのぶん戻すのに時間がかかってピッチが出なくなるだけでなく、結果的にストライドも低下します。

接地した足で地面を押した後に、ひざが伸び切っていると脚が後ろに行きやすくなります。接地後に素早く後ろ脚を前に引きつけて「前回し」の走りをすることが大切です。

これら以外にも、脚を前に出す意識が強過ぎると、上体が遅れて重心が後ろに下がってしまうことで、推進力が得られなくなります。これは、ランニングフォームが体幹の姿勢や上体の動きとも深く関係しているからです。

「前回し」の走りをするためには、両脚を挟み込むように使うシザース動作を連続して行うための筋力をつけておくことも大切です。

## 接地したらすぐに脚を前に引きつける

この感覚を身につける

地面に接地した足は、ひざから下で地面に真下に押すように使う。このとき、接地前から足首を固定しておくことが大切。

地面を後方に蹴ってしまうと、脚が伸び切って後方に流れてしまうため、脚を前に戻す動作が遅れて間延びする。

NG ひざが伸び切る

地面を後方に蹴ってしまうとひざが伸び切って前に戻すのに時間がかかってフォームが間延びする

## 後ろ脚を素早く ひざから前に引きつける

後ろの脚は伸ばし切らずに素早く前に引きつけることが大切。このとき、折りたたむ意識はしないことが大切。

この感覚を身につける

●長距離走

NG

上体が突っ込む

脚の戻しの遅れを戻そうとして上体が突っ込む

●短距離走

NG

上体が起き上がる

ひざをたたまずに前に戻すと上体が後傾したり起き上がる

### 体幹を崩さずに四肢の動きを連動させる!!

# 背中側の筋肉を使った腕振りを連動させれば推進力が高まる

ランニングフォームで重要なのは、骨盤まわりの動きと肩まわりの動きとされています。とくに肩まわりの動きでは、肩甲骨から動かすことを意識することが大切です。それは、肩甲骨と骨盤の動きが連動しているからです。肩甲骨を引くことで骨盤が回って脚を前に出しやすくなる効果があります。

　ランニングの腕振り動作では、腕をリラックスさせて、肩甲骨から腕を動かすことが大切です。腕を振るときは、ひじを支点に動かすのでなく、肩を支点にひじを引くイメージで腕を後方に振る意識を持つといいでしょう。

　腕の力みがあると、スムーズに腕を振れなくなり、ストライドも間延びしてしまうので注意しましょう。

　また、骨盤まわりについては骨盤の前傾具合によって体幹の使い方が多少異なります。骨盤が後傾すると、腰が落ちて疲れる走りになってしまいます。まずは姿勢をチェックして、自分に合った体幹の使い方をするといいでしょう。

## 肩甲骨の動きと脚の動きのタイミングが連動することでランニングエコノミーが高まる

ランニングエコノミーとは、発揮したエネルギーをいかにロスすることなく推進力につなげるかということ。これを実現するために必要不可欠なのが、上半身と下半身の動きの連動性となる（「運動連鎖」29ページ参照）。そのためにも上半身と下半身の動きの「タイミングを合わせる」ことが非常に大切となる。

左足の接地のタイミングで右腕を後方に振り下げる

右腕を引きながら右脚を前に振り出すことで体幹が捩れてタメができる

重心を前に保ち、タメをリリースしながら後方の脚（左脚）を前に運ぶ

右足の接地の瞬間には左ひざの位置が右脚のところまで戻っている

右足が地面で弾むタイミングで左腕が後方に振り下げられる

## 姿勢が悪いと肩甲骨の回旋や骨盤の動きが悪くなる

姿勢は肩甲骨や体幹部の動きに大きな影響を及ぼす。肩甲骨の動きに問題がある場合の多くは姿勢に原因があるため、まずは自分の姿勢をチェックすることから始めよう。

SELF CHECK

### 左右のバランス、肩の位置、骨盤の傾きをチェック

← P.40参照

NG

**骨盤後傾**

骨盤が後傾すると肩が前に出やすくなる

NG

**骨盤前傾**

骨盤が過度に前傾して肩が前に出る

NG

**左右に傾斜**

肩が左右に傾斜している

NG

**肩が出る**

肩の位置が前に出る。利き手側が出ていることが多い

Sprint 短距離走

# 走りを実現しよう!!

# 理想のフォームで速い

## *Distance* 長距離走

# 自分でランニングフォームをチェックしてみよう!!

*ランニングフォームをチェックするには、やはり動画を撮る必要がある。ここでは、動画を見るときにチェックしたいポイントを見ていこう。*

ランニングフォームの基本は、短距離走でも長距離走でも同じです。走るスピードは違っても、チェックするポイントや動作のタイミングは変わりありません。

ただし、短距離走の場合、スタート直後の「加速局面」とスピードが最速になった「最大疾走局面」では姿勢が少し異なります。「加速局面」については、PART3（65ページ以降）を参照ください。

## ●フォームチェックのポイント

**❶ 接地**

接地がベタ足もしくはつま先からできているか。地面を後ろに蹴っていないか

**❷ 蹴り脚**

蹴り脚が大きく後ろに流れていないか

**❸ 上体の姿勢**

上体が遅れていたり、突っ込んでいないか。アゴが上がっていないか

**❹ 左右のバランス**

姿勢が左右に傾いていないか。腕振りが横になっていないか

## ●タイミングチェックのポイント

**❶ シザースのタイミング**

足が接地したときに、もう一方の脚が戻って来ているか

**❷ 腕と脚のタイミング**

腕を引き切った瞬間に逆側の股関節も伸び切っているか

# Part 2

# 速く走るために必要な姿勢と自分の体を知ろう!

### 日ごろの悪癖が姿勢に表れる!!

# 体型や体の特徴は人それぞれ。まずは乱れがないか確認しよう

トップランナーを見ていても、ランニングフォームは人それぞれ異なることがわかります。身長や体重のみならず、人それぞれ体型も異なり、筋力や体の柔軟性も違うからです。

ただ一つ言えるのは、基本的な姿勢が乱れていると、それがランニングフォームに大きな影響を及ぼすということです。

ランニング動作は進行方向への重心移動です。よって、その力を生み出すのは「重力」です。正しい姿勢が保たれていれば、その力をロスなく推進力につなげることができますが、姿勢が乱れていると、どこかに力が逃げて、疲れるだけの走りになってしまいます。

姿勢は、日ごろのライフスタイルや仕事などからも大きな影響を受けるものです。また、パッと見で乱れのない姿勢のようでも、筋力のバランスが悪いことで、疲労してくると姿勢が乱れたりするものです。まずは、前後左右の立ち姿勢をチェックしてみましょう。

SELF CHECK

# カベの前に真っすぐ立って姿勢に乱れがないかをチェックしよう!

カベの前で背骨のＳ字カーブをチェックしてみよう。首のカーブに問題があれば頭の位置、腰のカーブに問題があれば骨盤の傾斜に問題があることが多い。

また、正面から見て、左右のバランスに問題がないかをチェックすることも大切。

## 前後のバランス

### 首のカーブ

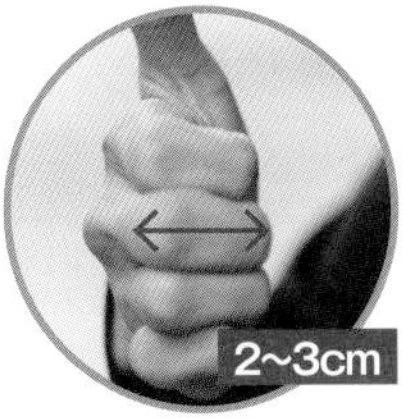


後頭部をカベにつけたときに首の後ろに指の第2関節のスペースができているのが理想

### 腰のカーブ

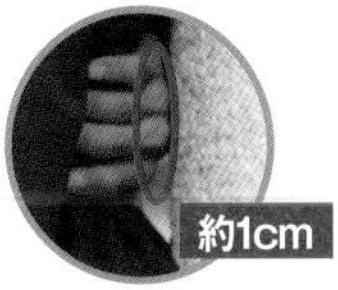


背中とお尻をカベにつけた状態で腰に手のひら一枚のスペースができているのが理想

骨盤の角度 ← P.42参照

## 左右のバランス

NG

背中が曲がって肩やアゴが前に出る

NG

腰が反り過ぎて肩がカベにつかない

NG

左右の肩の高さが違ったり、片側だけ前に出ていると、左右の柔軟性が異なる

## 姿勢に問題があるならまずは乱れた姿勢を矯正することが先決!!

自分では気づかずに姿勢が乱れていることも多い。ランニングに必要な前傾姿勢が乱れていないかをチェックするためにウォールドリルをやってみよう。

カベについた手で体を支えながら脚の入れ替え動作をする。うまくできないようであれば、姿勢に問題があるということになる。

DRILL & TRAINING

← P.99参照

### ウォールドリルで力の伝達を確認しよう!

### 骨盤の傾斜と腹圧の関係

**NG　上体が突っ込む**

骨盤が過度に前傾した人が腹圧を高めると上体が前に突っ込む

**NG　上体がのけ反る**

骨盤が後傾した人が姿勢を矯正せずに腹圧だけを高めると上体がのけ反ってしまう

## 自分の体の特性を知って正しい走りを身につけよう‼

# 体幹の使い方は骨盤で決まる⁉「骨盤の傾き」をチェックしよう

ランニングフォームの話をするときによく話題になるのが「体幹」の使い方です。体幹を安定させるために、「腹圧」を入れた方がよいのか？　これは議論されるところです。

西洋人は日本人よりも骨盤が前傾しているとよく言われています。しかし、日本人のなかにも骨盤が前傾している人は多くいます。例えば、陸上競技の選手は一般の方々に比べると、骨盤が前傾している傾向があります。

骨盤が過度に前傾していたり、後傾していると、腹圧を適切に入れることができません。その結果、骨盤が過度に前傾した人は、脚が後方に流れて、上体が突っ込んだ姿勢になります。また、骨盤が後傾した人が腹圧を入れようとすると、上体がのけ反って重心が後方に残ってしまうため、ブレーキがかかって速く走れなくなります。

自分の骨盤の傾斜を確認して、ニュートラルな位置に戻すことで姿勢を改善しておくことが大切です。

## 骨盤の前後の傾きをチェックしてみよう!

SELF CHECK

自分の骨盤の傾斜がどのようになっているかをチェックしてみよう。

その目安となるのが、横から見たときの前と後ろのグリグリした突起部分の位置。この2点の高さが水平から後側が指2本高い程度までが「ニュートラル」な状態。これより後側が高くなると「過度の前傾」、前側の方が高いと「後傾」となる。

ニュートラルな傾斜を維持することで自然に腹圧が入るのがもっとも理想的。

### 過度に前傾した骨盤

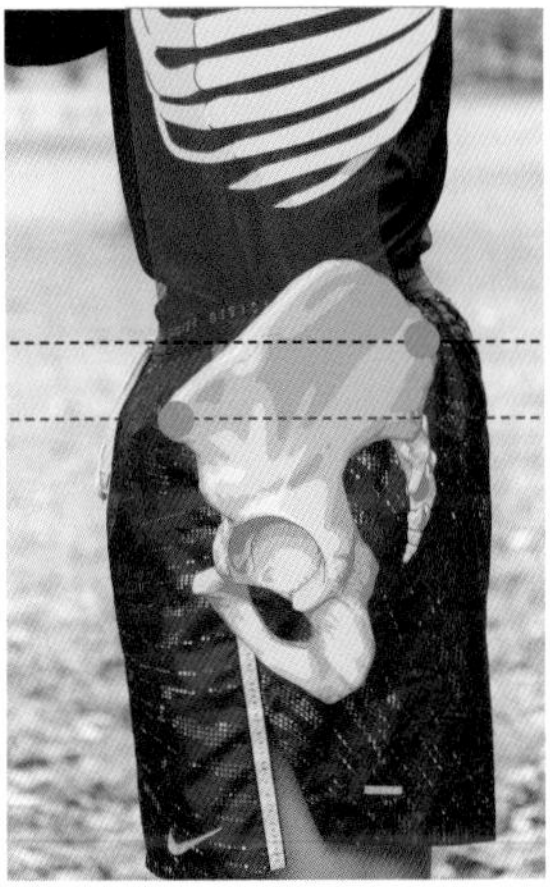

前側の突起と後ろ側の突起の高さの差が指2本分（約2.5cm）以上ある

**そのまま**

骨盤が前傾しているので、腹圧は入れると姿勢に無理が生じる

### ニュートラルな骨盤

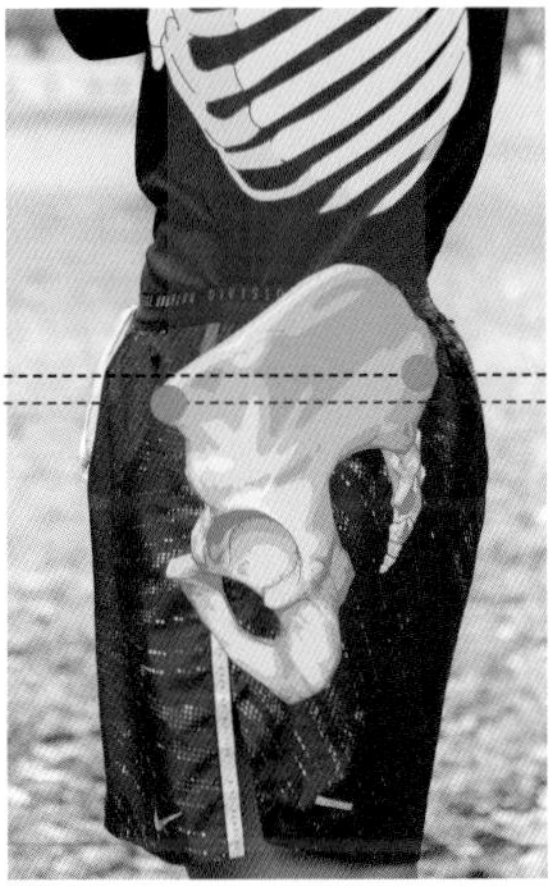

前側の突起と後ろ側の突起の高さの差がない、または指2本分（約2.5cm）以内

**腹圧を少し高めて体幹を安定させる**

### 後傾した骨盤

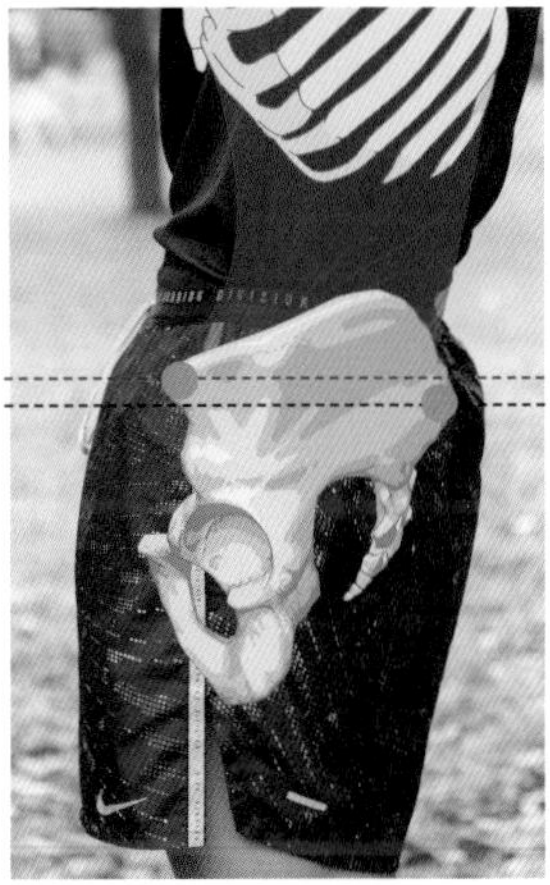

前側の突起の方が後ろ側の突起よりも低くなっている

**姿勢の矯正**

### *骨盤が後傾している人は矯正トレーニングが必要*

DRILL & TRAINING

← P.97参照

骨盤が後傾している場合、体幹の筋肉の柔軟性や強度のいずれか、もしくはその両方に問題があるため、体幹部の補強トレーニングが必要。姿勢が影響して、上半身に問題があることも多いので、肩甲骨の動きが悪くなっている場合は、上半身のトレーニングも必要になる。

最後に足の指を使って地面を押すのが正しい歩行姿勢

かかと→外側→小指球→拇指球の順に接地して体重を支える

歩行動作では「かかと接地」になるのが自然

### 歩行の癖はランニングフォームに直結する!!

# 足趾を使って歩けているか？ 普段の歩行姿勢を確認する

ランニングでは足の指を使って走ることが大切です。とくにフラット（ベタ足）やつま先で接地するときは、足の指でしっかり地面を捉える必要があります。ランニングにおける足裏の感覚は、正しく脳に情報を伝達するためにも非常に重要です。

これは日ごろの歩行の癖と深く関わっているため、普段から指を使って歩けていない人にとっては、なかなかすぐに修得できるものでもありません。

自分では足の指を使って歩いているつもりでも、接地のときに足が内側に入って親指側しか使えていない人も多く見られます。接地が内側になることで、親指側に体重が乗り過ぎて外反母趾などのトラブルを生じやすくなります。また、「歩き方」によって動員される筋肉や発達する筋肉が変わります。

歩行姿勢を確認することで、体重を支えるための筋肉の使い方や筋肉のバランスをチェックして、必要に応じて姿勢の改善や筋力の強化を行いましょう。

SELF CHECK

## まっすぐに立ったときのつま先の向きを確認しよう!

つま先の向きは左右が平行になるのが理想。足の内側のラインを意識する人はつま先が開いていることが多い。

歩行中やランニング中では、足が少し内側に巻いて片足で接地するため、両足で立ったときに比べ、つま先が少し内側を向き、拇指球と小指球を結んだラインが進行方向に対して垂直に近くなる。

### ニュートラル

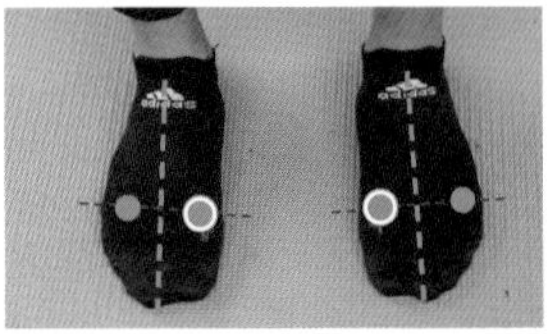

中心ラインがほぼ平行。拇指球と小指球のラインは進行方向より少し外向き

### 内向き

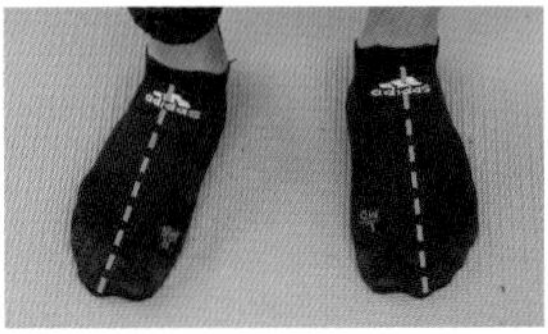

自分で意識していなくても、片方のつま先のみ外側を向いている人も少なくない

### 外向き

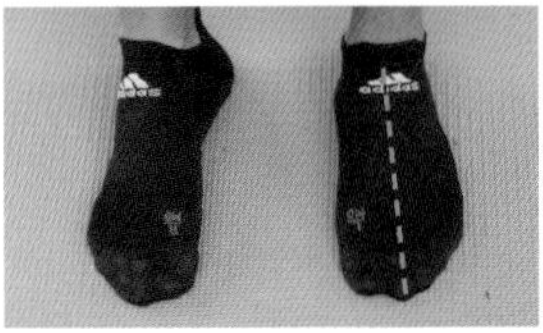

まれに片側のみ外足に重心が偏っている人も見られる

実際のランニングでは、足が外側から巻いて接地するため、拇指球と小指球を結んだ線が進行方向に対してほぼ垂直になることで、地面をしっかり押し出せる

太もも内側の内転筋群が発達していることが多く、太もも外側の筋肉が弱い傾向がある。また、歩行時に親指側が使えていないことが多く見られる

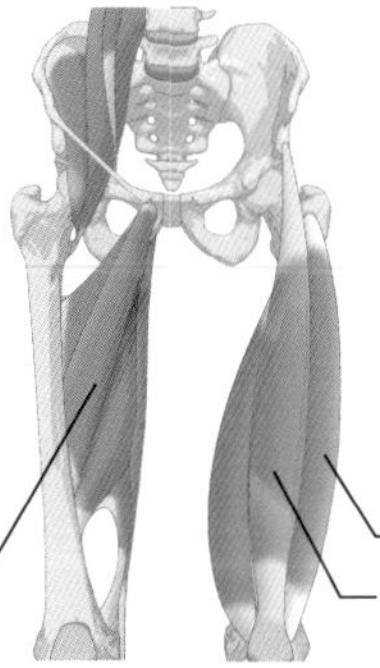


太もも外側の外側広筋や中央の大腿直筋などが発達していることが多く、太もも内側の内転筋群が弱い傾向がある。また、歩行時に指を使えていなかったり(浮き指)、小指側が使えていないことが多く見られる

## 同じトレーニングでも自分に合わせて意識するポイントを変える

日ごろのトレーニングにおいても、意識するポイントが異なると、その効果にも違いが出る。自分の体の特性を知り、自分に何が必要とされているかを理解してトレーニングに臨むことが大切。

DRILL & TRAINING

### タオルギャザー

← P.103参照

同じタオルギャザーを行うにしても、指全体を使うのか、親指側のみで行うかで効果が異なる

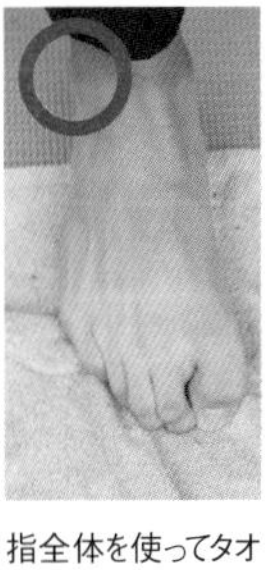

指全体を使ってタオルをたぐり寄せる

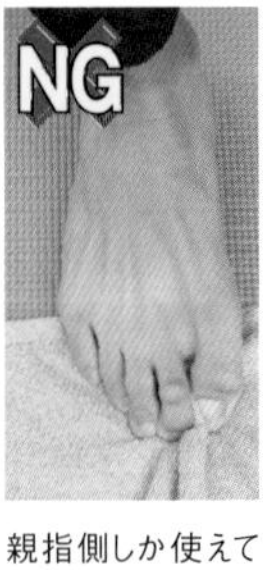


親指側しか使えていない

3つのプロネーション（右足）

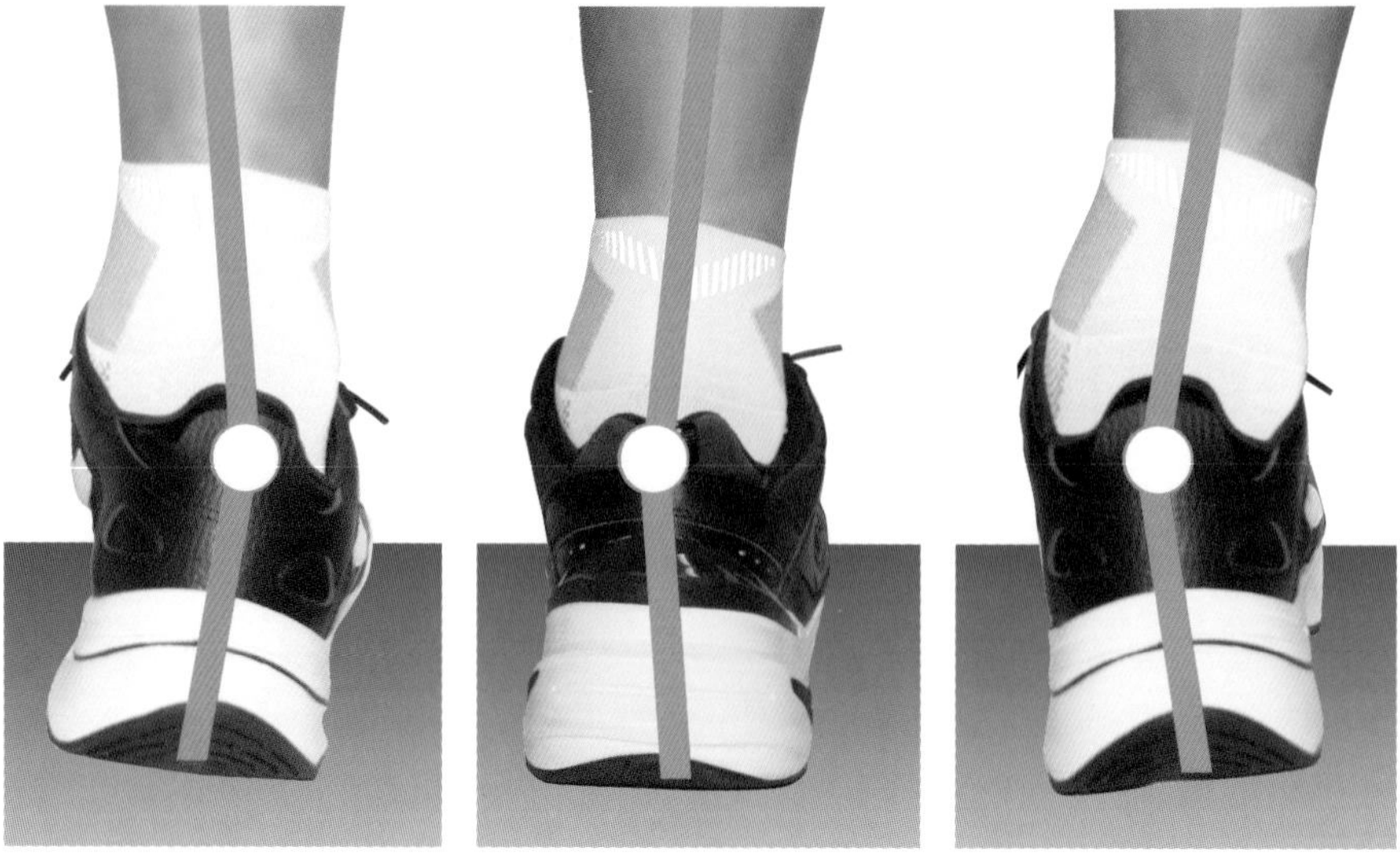

アンダープロネーション（サピネーション）　ニュートラル　オーバープロネーション

足首の角度によって使われている筋肉が大きく異なる!!

# ケガのリスクに直結するプロネーションをチェックしよう

ランニング中に足にかかる負荷は体重の約6倍と言われています。足首には、ある程度の柔軟性があり、地面に接地したときに、少し内側に傾き、地面から離れると、少し外側へ傾くのが自然です。

この足首の傾きを「プロネーション」と呼び、その可動性があることで、接地の衝撃を吸収して、足首にかかる負荷を軽減しています。

しかし、足が内側や外側へ過剰に傾いていると、プロネーションの自然な動きができず、本来とは逆にケガのリスクが生じます。

かかとが内側に過度に傾いた状態を「オーバープロネーション」と呼びます。足が地面と接する時間が長くなるため、すばやく足を地面から離すことができないのが特徴です。

これとは逆にかかとが外側に傾いた状態が「アンダープロネーション」です。この場合、足の関節が接地の衝撃を吸収しないため、体重の大部分が足の外側の端にかかり、傷害を引き起こします。

## プロネーションをチェックしよう

自分のプロネーションをチェックしてみよう。走っているときの様子ではわかりにくいので、その場で片脚立ちになり、かかとが浮かないように、ひざを徐々に曲げていくことで自分でチェックすることができる。

いきなりフォームを改善しようとしても、自分のランが乱れてなかなかうまくいかないだろう。しかし、そのままではケガのリスクが高いので、何とかしなければならない。

インソールなどを作るのもいいが、その前にまずは自分のシューズをチェックしてみよう。オーバープロネーションの人はヒール部分の安定感があるシューズ、アンダープロネーションの人はクッション性の高いシューズを利用することでケガのリスクを軽減することができる。それと同時に足の筋肉を鍛えたりすることで、時間をかけて徐々にニュートラルに近づけていくことが大切だ。

**アンダープロネーション（サピネーション）**

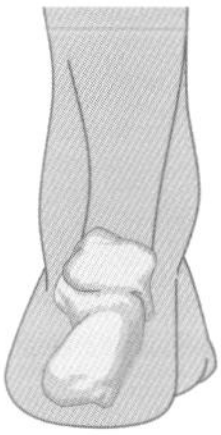

関節がクッションの役割を果たさないため、接地で生じる衝撃を吸収せずに、直接、骨が衝撃を吸収することで、疲労骨折や治りにくいケガを招きやすい

**ニュートラル**

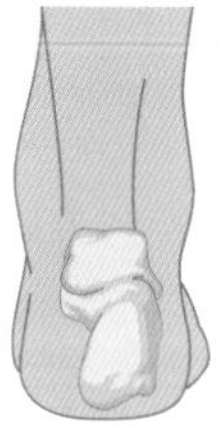

接地のときに足首が少し外側に曲がる(回内)ことで、クッションの役割を果たして衝撃を吸収する

**オーバープロネーション**

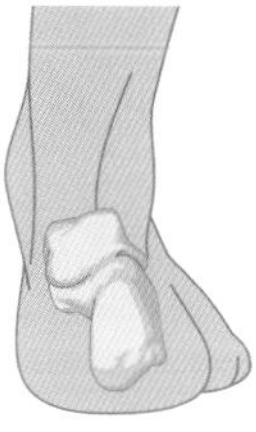

地面で弾むのに多くの力が必要になる。ひざが内側に傾き、反対側の骨盤が落ちる傾向がある。足底筋膜、腸脛靭帯、梨状筋、ひざ、脛骨などに傷害を引き起こす可能性が高くなる

## *地面から受ける反発力に耐え得る筋力をつける*

接地で地面から反力を受けて、地面で弾むためには、足首を固め、できるだけ体で衝撃を吸収しないことで、推進力につなげることができる。

接地時に足部が内や外に傾き過ぎていると、骨や腱に大きな負担がかかりケガのリスクが高くなる。足首を適切な位置に固定するための筋力を強化しておくことが大切だ。

DRILL & TRAINING

← P.98参照

### 裸足ランジ

短距離走
SPRINT
NG
足から前に出る
NG
脚が伸び切る
NG
後ろに蹴る
NG
上に跳ねる
DISTANCE
長距離走
NG
足から前に出る
NG
横に傾く
NG
上体がのけ反る
NG
脚が伸び切る
NG
かかと接地

# ランニングフォームQ&A
# 何か問題がある？ どうするの？

理想のランニングフォームで走ろうとしたときに、自分では気をつけているつもりでも、客観的に見るとどこかおかしいと思うことも少なくありません。

ランニングフォームが乱れる原因は、

①もともとの姿勢が乱れている

②身につけたフォームの悪癖

の2つのパターンに大きく分類できます。

前者の場合は、立ち姿勢や歩行姿勢をチェックして、それを矯正する必要があります。もし必要であれば、その姿勢を維持するための筋力を強化しなければなりません。

後者の場合は、日ごろから慣れ親しんだフォームの矯正になります。ランニング動作のイメージを変えると同時に、ドリルなどを通じて正しい動きを体得する必要があります。

ここでは、多くのランナーによくありがちな問題点を紹介します。自分のフォームに該当する部分があれば、その問題点を理解し、どのように改善できるかを考えていくことが大切です。

# ランニングフォームの乱れの原因を理解する

ランニングフォームに問題があるなら、まず最初に姿勢をチェックしてみよう。姿勢に何らかの問題がある場合、日ごろから使われていない部分の筋肉が弱くなっていることが多いため、補強トレーニングを行って姿勢を矯正することが大切。

姿勢に問題がない場合は、今までのランニングフォームの問題。スキルアップのトレーニングやドリルを通じて正しいフォームを身につけよう。

## ❶ 姿勢の乱れをチェック

立ち姿勢、歩行姿勢、プロネーションなどをチェックしてみよう。

SELF CHECK

● 立ち姿勢

← P.41参照

● 歩行姿勢

← P.44参照

● プロネーション

← P.46参照

DRILL & TRAINING

● 姿勢矯正トレーニング

← P.96～参照

## ❷ フォームの癖をチェック

自分のフォームを見て、何ができていないか、どこがおかしいかを客観的に見てみよう。

SELF CHECK

● ランニングフォームチェック

← P.38参照

● タイミングのチェック

← P.38参照

DRILL & TRAINING

● ランニングドリル

← P.111～参照

手の握り方でなく「肩の力み」に注目する

## Q1 ランニングフォームの悩み

# 手はグーなのか、パーなのか？

走っているときに手をぎゅっと握ってしまうのはよくないと耳にした方も多いかと思います。では、手をパーにした場合はどうでしょう？　手を握っていなくても、腕に力が入ってしまうと、手をぎゅっと握っているときと変わりません。

手がグーであれ、パーであれ、力が入り過ぎていると体の前面の筋肉に力が入っていることに変わりありません。手に力みが生じると、腕の前面に力が入り、肩の位置が上がってしまいます。その結果、肩に力みが生じ、腕振り動作が堅くなってしまうのです。

それとは反対に、力が抜け過ぎていても、素早い腕振りができなくなってしまいます。

ランニング中は、推進力を得るために、タイミングよくスムーズに腕を振れるようにすることです。そのためには、力み過ぎずに、力を抜き過ぎない腕の使い方がポイントになります。

スムーズな腕振りをするためのトレーニングをしておくといいでしょう。

# A1 体の背面の筋肉を意識する 引くことを意識すれば肩は上がらない

これで解決!

　腕振りでは、体の背面の筋肉を意識することが大切。体の前面に力が入ってしまうと、肩の力みを引き起こし、肩甲骨の位置が上り、スムーズに腕を振れなくなる。

　上腕二頭筋や大胸筋などの体の前面の筋肉に力が入ると、肩にも力が入りやすくなる。肩に力みを生じると肩甲骨が上がり（挙上）、スムーズな腕振りができなくなる。

**腕振り動作に動員されるおもな筋肉**

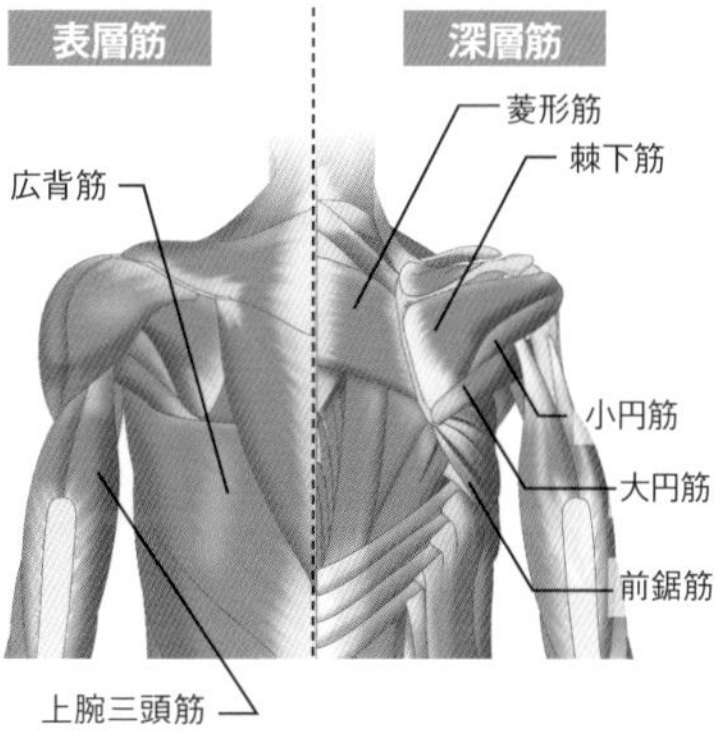
表層筋
深層筋
広背筋
菱形筋
棘下筋
小円筋
大円筋
前鋸筋
上腕三頭筋

**腕振りに関わる手首の動き**

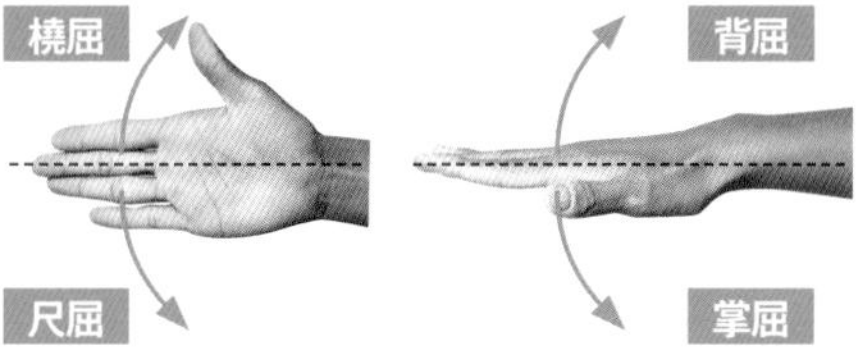
橈屈
背屈
尺屈
掌屈

## NG 手首を橈屈・掌屈させると肩が上がる

手首を橈骨側に曲げたり（橈屈）、手のひら側に曲げる（掌屈）と、体の前面の筋肉や肩に力みを生じやすい

橈屈

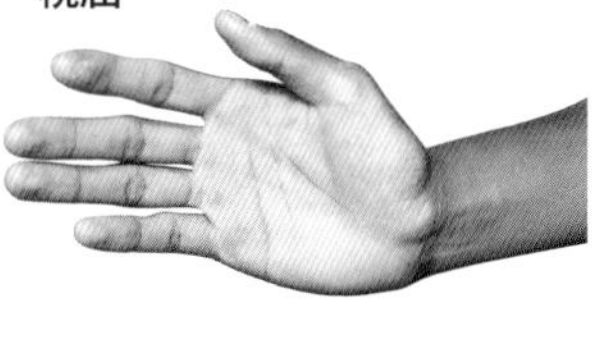

掌屈

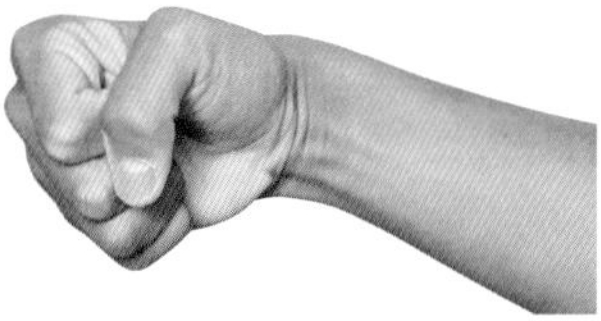

## DRILL & TRAINING 腕振りトレーニング

← P.110参照

　大きな振り幅でできるだけ速く腕を振って急に止めるようなトレーニングをすることで、体の背面の筋肉を使った力みのない腕振りを身につけることができる。

Q2 ランニングフォームの悩み

# 厚底シューズだと走りにくい…

厚底シューズを履くと今まで通りに走れないと感じる人も少なくありません。そんな悩みを抱えている人の多くは、接地したときにバランスが前後もしくは左右に乱れているため、スムーズな重心移動ができなくなっています。

自分では気づいていなくても、実は姿勢に問題があることも多いでしょう。普段の姿勢には問題がなくても、体を動かすと荷重バランスが乱れてしまうようなケースも少なくありません。

重心のバランスが前後にズレていると前に進まなくなり、左右にズレていると仙骨や恥骨にかかる負担が大きくなってさまざまな傷害の原因となります。

重心バランスが乱れていると、前で足を回す「前回し」のフォームができません。最初から後傾姿勢になっている、プロネーションに問題がある、歩隔が狭く接地させる足が内側に入っているなどの原因が考えられます。

姿勢をチェックして、必要なトレーニングを行って姿勢を矯正しましょう。

# A2 「前回し」の走りに慣れる

厚底シューズにすると重心バランスを崩してしまう人の多くは、今まで地面を後方に蹴って走っていたり、かかと接地の人に多く見られる。重心を前に置き、脚を前で入れ替える「前回し」の走りに慣れ、今までの走りの概念を変えることが大切だ。

DRILL & TRAINING

## 姿勢を正して筋力を補強する

地面を蹴って走っていた理由は、姿勢に問題があるケース、前回しの走りをするための筋力がないケースなど人それぞれ異なる。原因がわからない人は、ここでも姿勢のチェックから始めるといいだろう。

### 姿勢のチェック

● 立ち姿勢

← P.41参照

● プロネーション

← P.46参照

● 歩行姿勢

← P.44参照

### 矯正トレーニング&ドリル

自分に必要とされるトレーニングやドリルをやっておこう。

← P.96～参照

**体幹部の補強トレーニング**

体幹を安定させたまま脚部を動かすトレーニング

← P.109参照

Q3 ランニングフォームの悩み

# 腹圧を入れて走った方がいい？

ランニングフォームは人それぞれ異なります。長距離や短距離などの距離の違いだけでなく、体の特性によって、自分に合ったランニングフォームを身につけることが大切です。

「腹圧」に関しても同じことが言えます。一般的に、腹圧を入れると姿勢が安定すると言われますが、実際は自然に腹圧が入る姿勢をつくることが大切です。とくに腹圧と関連しているのが骨盤の傾斜（42ページ参照）です。

陸上競技では、骨盤が過剰に前傾している選手を多く見かけます。このような選手が腹圧を高めようとしても、腰が反ってフォームが乱れてしまいます。

体幹部の筋力が弱く安定しないために、動きがブレてしまったり、姿勢に影響が出る場合は、筋力を強化してつねに腹圧が入る姿勢を身につける必要があります。

まず、自分の骨盤の傾斜を把握したうえで、ニュートラルな位置に骨盤を保てるように筋力トレーニングをしていくことが大切です。

これで解決!

## A3 体幹が弱い人は筋力を強化しよう

まず骨盤の傾斜を確認し、後傾していたら骨盤や姿勢の矯正トレーニングを行う。また、骨盤が後傾していなくても、体幹部が弱いことが原因でフォームが乱れる人は、体幹部を強化することでランニングスキルを修得しやすくなる。

### 骨盤の傾斜チェック

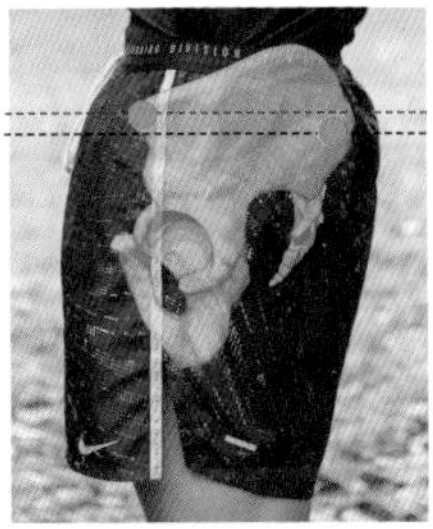

← P.42参照

### NG 体幹強化が必要な例

体が左右に傾いたり(写真左)、腕振りが横になったり(写真右)、上体が遅れるような人は体幹の筋力が弱いことが多い

### NG 腰が反り過ぎてしまう

骨盤が前傾していると、上体が突っ込んだり(写真左)、上体がのけ反ったりして(写真右)フォームが乱れることもある

DRILL & TRAINING

## 体幹トレーニング各種

← P.96~参照

体幹部を中心に下半身や上半身の動きを取り入れたトレーニングを行うと効果的だ。

骨盤矯正トレーニング

腹筋系トレーニング各種

プランク各種

Q4 ランニングフォームの悩み

# 腕が横振りになってしまう…

短距離走においても長距離走においても、自分では気づかずに、腕振りが横になっている人をよく見かけます。

しかし、多くの場合が自分でも意識せずにもっとも腕を振りやすいポジションで腕を振った結果「横振り」になってしまっているため、意識で変えるのは難しいものです。

一般的に、骨盤が前後左右に大きく動き過ぎていると、バランスをとるために腕が横振りになります。

腕が横振りになる原因は、体幹や股関節の筋力に問題があります。体幹が弱いことで、姿勢を維持できずに体を捻ってしまいます。その結果、力みを生じて肩の位置が高くなり、腕が横振りになってしまうのです。

体幹、胸部、股関節の筋力を強化することで、骨盤の動きを止めることができます。また、肩甲骨まわりの筋力をつけることで、腕を前後に振れるようになり、腕振りを推進力につなげられるようになるでしょう。

# A4 体幹、肩甲骨まわり、前鋸筋の筋力をチェックしてみよう!

これで解決!

肩甲骨、体幹、股関節の筋肉は連動して動く特徴がある(29ページ参照)。

なかでも、胸郭と骨盤をつなぐ腹筋群が重要な役割を果たしている。上体と股関節だけでなく、それらをつなぐ腹筋のトレーニングをしておくことが非常に大切だ。

外腹斜筋の深層に内腹斜筋があり、筋肉の方向は互いに網目状になっているため、腹斜筋のどこかが収縮すれば、拮抗する筋肉はつねに伸展されている

## NG 肩甲骨が上がると横振りになる

前鋸筋が弱いと筋力を補うために肩に力が入って肩甲骨が上がる

## DRILL & TRAINING 姿勢矯正トレーニング

← P.96~参照

推進力を得るための腕振りをするための筋力を身につけよう。

プランクやプッシュアップのような地面を押すトレーニングで大胸筋や前鋸筋、体幹をひねるトレーニングで腹斜筋を鍛えることができる。

### プランク

← P.100参照

体幹を安定させるためのトレーニング

### プッシュアップ

← P.101参照

体幹部や胸部の筋力を強化するトレーニング

### クロスウェイアップ

← P.101参照

四肢を動かしても安定した体幹をつくるトレーニング

### 体幹部の補強トレーニング

← P.107~参照

体幹をひねるトレーニングで腹斜筋を強化する

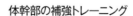

フラット（ベタ足）接地

かかと接地

Q5 ランニングフォームの悩み

# フラット接地ができない

フラット（ベタ足）接地もしくはつま先接地ができないと「前回し」の走りができなくなります。

かかとから接地するランニングフォームでは、接地する足の位置が体より前になるため、上体が遅れ、どうしても足が地面に接している時間を長くする必要が生じます。その結果、フラット接地やつま先接地と比べると、フォームが間延びして、スピードも出なくなってしまいます。

また、フラット接地ができていても、地面を後方に蹴り出す「後ろ回し」の動きになってしまうと、脚が空回りして、地面から得た反力を推進力につなげるときに生じるロスが大きくなり、結果的に「前回し」に比べてスピードが遅くなります。さらに、地面を後方に蹴る動作は、ハムストリングにかかる負担が大きく、疲労しやすくなります。

フラット接地ができない最大の原因としては、体の下で接地する感覚をつかめていなかったり、足首を固める筋力が弱いことが挙げられます。

# A5 前回しの感覚、体の真下で接地する感覚を身につけるトレーニングをする

これで解決!

かかと接地になる人の多くは、接地した足で地面を蹴って走る感覚を持っていることが多い。その感覚をなくさない限りは、いつまでも「後ろ回し」の走りから卒業できなくなる。

「もも上げ歩行」をすることで前回しの足の使い方を体感できる。また、接地した足で体重を受け止め、地面で弾む感覚をつかむためにはミニハードルを使った「乗り込み」のドリルも有効。 接地と同時にもう一方の脚を振り上げて地面に弾むため、タイミングをつかむことができる。

●もも上げ歩行

← P.112参照

●ミニハードルを使った乗り込みの練習

← P.112～参照

DRILL & TRAINING

## 足首を固めるために必要な筋力補強トレーニング

接地前から足首を固めてフラット接地やつま先接地をするためには、下腿部の筋力が必要。ふくらはぎの筋肉を強化するトレーニングをやっておこう。

●プライオメトリクス ← P.120参照

●サイドランジ

← P.98参照

●裸足ランジ

← P.98参照

●サイドレイズ

← P.105参照

Q6 ランニングフォームの悩み

# 歩隔が狭く一直線上になる

長距離ランナーでまれに見られるのが、歩隔が狭く接地が一直線上になってしまうフォームです。これは、接地したときに片脚で体を支えるための筋力が不足していることを意味します。

ランニング中の足の動きは、骨盤の動きも相まって接地に向けて外側からやや内側に向かうのが自然です。しかし、足が内側に入り過ぎてしまうと小指側の接地になるため、接地が不安定になり、ケガのリスクが高くなります。

片脚でバランスを保つための筋力が不足していると、骨盤が安定せずに接地で左右に傾いたり、骨盤の回転が大きくなってしまいます。そのなかでバランスを保つために代償動作が起こります。もっともよく見られる代償動作が、接地した足の方に上体を傾けてバランスをとる動きです。それが、歩隔が狭くなることにつながります。

片脚立ちに必要な臀筋群や内転筋に加えて、骨盤の安定に必要な体幹部の筋力も補強しておくことが大切です。

# A6 中臀筋と内転筋の筋力をチェック!

これで解決!

接地の足が内側に入って歩隔が狭くなってしまう人は、中臀筋や内転筋が弱いために、片脚立ちになったとき左右にバランスを崩していることが多い。

ランニングに必要な筋力が備わっているかを自分でチェックしてみよう。片脚でその場で弾む「片脚立ちケンケン」をバランスを崩さずにできればOKだ。

臀筋群

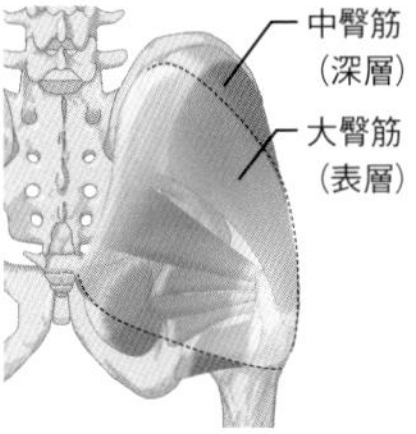

NG

接地で体が傾く

接地のときにバランスをとるために上体が傾く場合は腹筋も強化しておこう

DRILL & TRAINING

## 接地時の代償動作をなくすためのトレーニング

筋力が弱い人は、中臀筋や内転筋を強化することで、ランニング中にバランスを崩さず自重を支えることができるようになる。

●内転筋群のトレーニング

← P.104参照

●中臀筋のトレーニング

← P.105参照

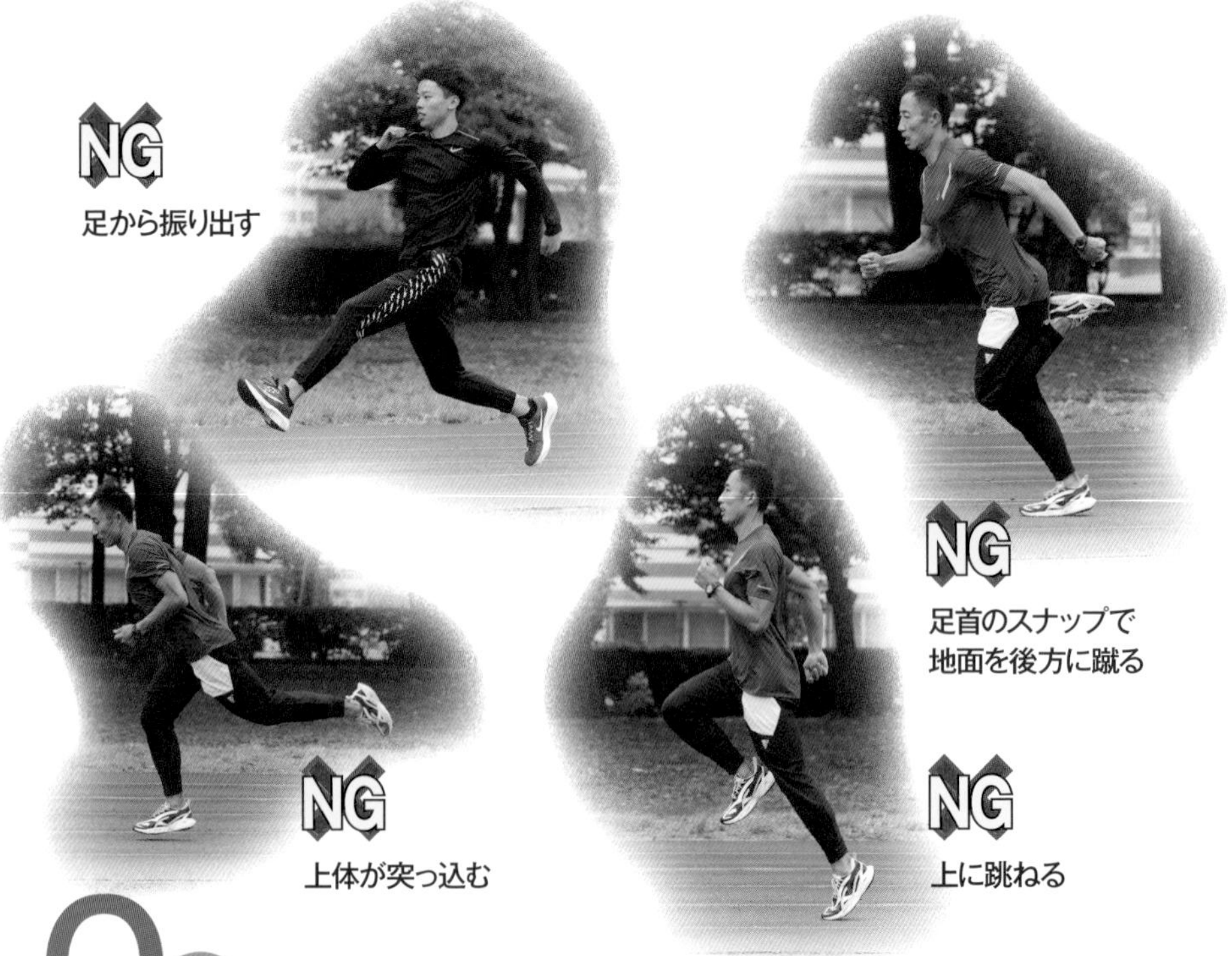

NG 足から振り出す

NG 足首のスナップで地面を後方に蹴る

NG 上体が突っ込む

NG 上に跳ねる

Q7 ランニング中によく起こるトラブル

# ふくらはぎがつったりすねが痛む

ふくらはぎがつること（筋痙攣）やすねの痛みは、一般的に水分補給や疲労が原因で起こるとも言われていますが、そのほとんどは姿勢やフォームの問題で起こっています。

例えば、もともとオーバープロネーションであったり、足首のスナップで地面を後方に蹴る「後ろ回し」の走り方、上に跳ねるような走り方の場合、ひざ下の筋肉を使い過ぎていたり、筋収縮が大きく負担が大きいと筋肉の疲労が早く、筋痙攣や痛みを起こしやすくなります。

また、上体が前方に突っ込んだフォームや、脚を前に振り出すようなフォームでは、ハムストリングに大きな負荷がかかり、疲労や違和感を生じます。

いずれのケースにおいても、これらを放置しておくことで、筋断裂（肉離れ）やシンスプリント（筋肉の付着部の傷害）を起こしやすくなります。

正しい感覚を身につけて、フォームを改善することで、これらの問題を解決できるでしょう。

# A7 「前回し」を継続するために必要な筋力を身につける!

これで解決!

「前回し」の体の使い方を覚えても、それを継続できる筋力がないと問題は解決しない。常に自重を支えている脚部に接地の衝撃が加わり、大きな負荷が下腿部の小さな筋肉や足首にかかり続けることで疲労しやすく、傷害を起こしやすい。体の使い方を覚えると同時に、筋力を高める必要がある。

## NG 足首のスナップで地面を後方に蹴る

足首を底屈させるため腓腹筋やヒラメ筋の収縮で力を発揮(コンセントリック収縮)

## ○ 足首の角度を維持して弾む

腓腹筋やヒラメ筋が引き伸ばされながら収縮する(エキセントリック収縮)

## 下腿部の筋肉

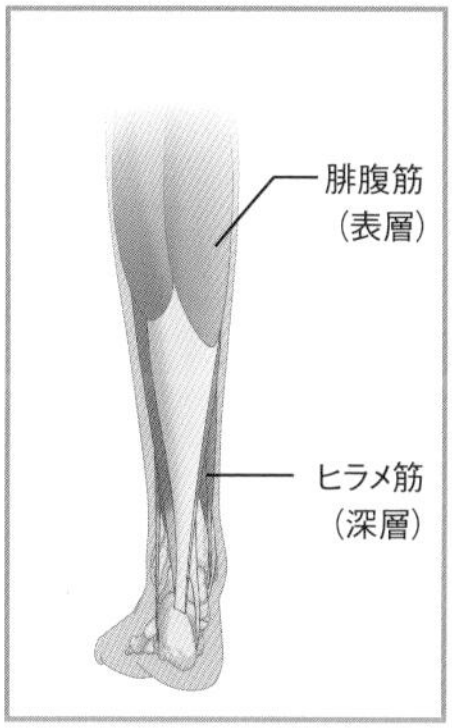


腓腹筋は足首とひざの動きに関わる2関節筋、ヒラメ筋は足首の動きに関わる単関節筋

## NG かかと接地

かかとに受けた衝撃が骨に伝わる

## ○ フラット接地

衝撃をクッションで受けて地面で弾む

DRILL & TRAINING

## プライオメトリクス

← P.120参照

足首を使ってしまう人は、両足をそろえて、なるべく足首の角度を保つようにジャンプする。地面で弾む感覚を身につけよう。

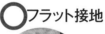

# フォーム矯正のトレーニング

姿勢や筋力に問題がある人は、目的に応じて筋力を強化する必要がある。
ここではいくつかのトレーニングメニューを紹介していこう。

## ●骨盤後傾の矯正トレーニング

骨盤矯正トレーニング
← P.97参照

クロスウェイアップ
← P.101参照

プランク各種
← P.100参照

デッドバグ
← P.109参照

アラウンドザワールド
← P.109参照

## ●体側部の強化トレーニング

サイドプランク各種
← P.102参照

中臀筋トレーニング各種
← P.104参照

サイドクランチ
← P.108参照

ラテラルVシット
← P.108参照

サイドブリッジ
← P.108参照

## ●上体のトレーニング

プッシュアップ
← P.101参照

腕振り
← P.110参照

ダンベルローイング
← P.110参照

## ●下半身のトレーニング

裸足スクワット
← P.97参照

裸足ランジ
← P.98参照

サイドレイズ
← P.105参照

サイドランジ
← P.98参照

片脚デッドリフト（前方プッシュ）
← P.104参照

片脚デッドリフト（ラテラル）
← P.105参照

# Part 3

# さまざまな加速局面での走り方を身につける!

自重を効率よく使える姿勢をとることが大切！

# スタートなど加速局面のカギは ①前傾 ②踏む力 ③踏む方向

止まった状態もしくはスピードを緩めた状態から加速する局面(加速局面)では、スピードに乗って走る局面（最大疾走局面）より大きなエネルギーが必要です。そこで、ポイントとなるのが、①前傾姿勢、②地面を踏む力、③踏み込む方向です。

加速するためには、自分の体重を効率よく使って地面から大きな反力を得る必要があります。そのためには、いかに前傾姿勢を長く保つかが重要です。

それと同時に、踏み出した足で地面を押す力が大きいほど、大きな推進力を得ることができます。スピードに乗った最大疾走局面よりも、強く踏み込む必要があります。ひざから下を地面に突き刺すイメージで接地するといいでしょう。

最後に、地面を踏み込む方向も大切です。これは横から見たときの踏み出す足の「すねの方向」です。すねと体がほぼ平行になっていないと、体が起き上がって前傾姿勢が保てなくなってしまいます。

これらを実現するために必要な筋力をつけていきましょう。

## できるだけ長く前傾姿勢を維持することで一気に加速できるようになる

できるだけ長く前傾姿勢を維持することで、早く加速できるようになる。理屈ではわかっていても、実際にできるようになるのは難しい。というのも、短距離選手を見てもわかるようにこの姿勢を維持するためには、腹筋や背筋、股関節まわりの強靭な筋力が必要とされるからだ。

これは、陸上競技以外のスポーツでの短いスプリントでも同じ。動きの中で、いかに早くこの姿勢を作れるかがポイントになる。そのために必要な筋力をつけておくことが大切だ。

SELF CHECK

### 片脚ケンケンで筋力をチェック

← P.61参照

DRILL & TRAINING

### 中臀筋や体幹部のトレーニング

← P.97～参照

← P.100～参照

## パワーロスをなくしてより効率よく加速するために

# 前脚の引きつけを意識すれば後ろ脚のひざは伸び切らない

加速局面において、より効率よく推進力を得るために、最初の5歩までは前脚を引きつけ、素早く地面に突き刺すように使います。その結果、後ろ脚はひざが伸び切る手前で前に引きつけられます。

スタート直後にひざが伸び切ってしまうと、地面を押して得たエネルギーが上方向に逃げ、推進力が得られなくなってしまいます。また、地面を後方まで蹴ることでひざが伸び切ってしまうと、ピッチを出せずにスタートから5歩目まで前傾姿勢を保てなくなってしまいます。

見た目としては後ろ脚のひざが伸び切らないことがポイントになりますが、自分で意識すべきは「素早い前脚の引きつけ動作」です。前脚を素早く引きつける意識を持つことで、自然に後ろ脚も伸び切らずに素早く前に戻せるようになります。

正しい感覚をつかむと同時に、必要とされる筋力をつけることで、一気に加速できるフォームを身につけることができます。

## 前傾を維持するにはすねと体のラインを平行もしくは少しハの字に保つ

前傾姿勢を長く保つためには、前脚の「すねの角度」を、頭からつま先までの体のラインと平行もしくは「少しハの字」になるポジションをキープする必要がある。

すねの前傾が浅く「大きなハの字」になると地面からの反力で体は起き上がり、「逆ハの字」になるとバランスを保つために腰が反って上体が起き上がってしまう。

### NG 「逆ハの字」になると力が逃げる

すねの向きと体のラインが「逆ハの字」になると、前傾が保てずに上体が立ってしまう

DRILL & TRAINING

## 前傾姿勢を保って、正しい方向に脚を突き刺す力を身につけるためのトレーニング

体の前で力強く脚を地面に突き刺すように使うために、ウォールドリルやバウンディングをやっておくといいだろう。

### ウォールドリル各種

← P.99参照

### バウンディング

← P.120参照

### タイミングのいい腕振りで重心移動をサポートする!!

# 前傾姿勢をキープしながら腕を振り上げて加速する

加速局面では腕振りも非常に大切な要素です。起き上がろうとする上体を抑えて、前傾姿勢を維持したまま水平移動させるには、踏み出す足と腕振りのタイミングを合わせる必要があります。

上体を前傾させたまま腕を振り上げるためには、広背筋、前鋸筋、大胸筋などの筋力も必要とされます。そして、肩甲骨と股関節の動きの連動が加速局面でのランニングフォームの最大のポイントとなります。

「腕振り」と言うと、前方への腕の振り上げ動作に目が行きがちですが、実際は腕を引く動作を意識することが大切です。例えば、右広背筋を意識して腕を引くことで、左臀部に力が入り、地面を踏む力が強くなります。つまり、広背筋と臀筋の連動した動き（29ページ参照）を意識しやすくなります。

腕を振るときに体の前面の筋肉を意識すると、胸や肩の筋肉に力みが生じ、肩の位置が高くなって素早い腕振り動作ができなくなるので注意しましょう。

# まず上肢の動きに特化したトレーニングを行い、下肢の動きと連動させたドリルでタイミングを合わせる

上肢と下肢の動きを連動させるためには、まず上肢のトレーニングで腕振り動作に必要な筋力を鍛えると同時に、腕振り動作に動員される筋肉を体に覚えこませることが大切。

次にタイミングをつかむためのドリルで、脚と腕をタイミングよくスパッと入れ替えられるようにしておこう。

DRILL & TRAINING

## 上肢のトレーニング

← P.110参照

腕を大きく振れない人や腕を大きく振ると体幹の姿勢が乱れてしまう人は、上体の筋力の強化や腕を動かしてもブレない体幹を作るためのトレーニングを行い、下肢の動きとタイミングを合わせるドリルをやっておこう。

## 脚の入れ替えドリル

← P.114参照

## 自分の体の特性を知って正しい走りを身につけよう‼

# できるだけ長く前傾姿勢をキープすれば速くなる

スプリント能力を高めるためには、前傾姿勢をできるだけ長く維持する必要があります。よく「3歩でトップスピードに」などと耳にしますが、実際は100メートル走のトップスプリンターでも最速になるのは60〜70メートル地点です。

スタート直後は前傾姿勢をとれていたとしても、走り続けていると徐々に上体が起き上がってくるものです。短い距離を速く走るためには、起き上がろうとする上体をいかに抑えて、前傾を保つかがポイントとなります。

この姿勢を維持するために必要なのが、「体幹の安定」です。上体の姿勢を保つためには高速で移動する体を押さえつけるための体幹の筋力が必要になります。

これらの筋力を高めて、できるだけ前傾姿勢を長く維持することが、速く走ることにつながります。さらに速く走るためには、踏み出した自重を支えるために必要な大腿四頭筋、接地した足で体を前に押し出すためのハムストリングや臀筋の強さも必要となります。

## 前傾に必要な筋力を鍛えることでスプリント能力がアップする!!

前傾姿勢を保つためには、姿勢を維持するための体幹の筋肉、体重を支えるための大腿四頭筋、推進力を生み出すハムストリングや臀筋の筋力が必要とされる。

100m走で考えると、60～70m地点で最速になるのが理想。そのためには最初の15m程度までは前傾を維持する必要がある。この走り方をすることで、結果的に30m走などのスピードも速くなる。

DRILL & TRAINING

## トレーニングを行うときの注意点

前傾姿勢に負荷をかける代表的なトレーニングにトーイングやタイヤ引きなどがある。これらのトレーニングで大切なのは負荷のかかる方向。下に引いてしまうと、上に跳ねる動きになってしまうので注意が必要だ。

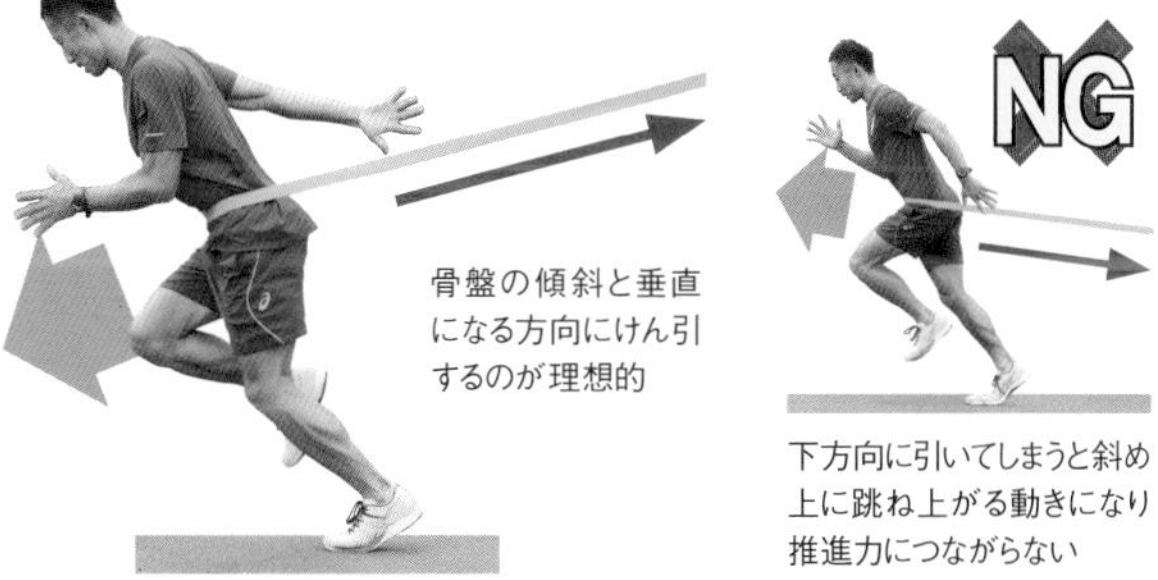


骨盤の傾斜と垂直になる方向にけん引するのが理想的

下方向に引いてしまうと斜め上に跳ね上がる動きになり推進力につながらない

**クロスステップ**

左右に反転して一気にスプリントするためのステップ。さまざまなスポーツ競技の局面で必要とされる基本的な動作の一つと言える。

### 素早く方向転換するときは運動の方向が変わるだけ!!

# クイックターンやサイドステップもスタートと原理は同じ

さまざまなスポーツ競技では、加速する方向が必ずしも直線方向とは限りません。むしろ、競技によっては左右への素早いステップが必要となることでしょう。ここでも、加速の原理は短距離のスタートダッシュと同じです。

どんな優れたアスリートでも、トップスピードで走っている状態から、左右に素早くステップすることは不可能です。方向を切り返す直前のスピードは速くても70％程度になります。つまり、減速したところから、一気に方向を変えて加速する動作ということができます。

このときの体の使い方としては、重心を進行方向に斜めに移動して加速することになります。つまり、上体を進行方向に倒し、進行方向にすねを倒すことで、ベクトルを斜めにしてあげればよいのです。

競技によっては、フェイント動作なども入れるため、上体は崩れてもかまいません。むしろ、ステップをする前後の、体幹のオンとオフのタイミングが非常に重要になります。

スライドステップ

バスケットボール、サッカー、ハンドボールなどの競技で相手の様子をうかがって、横に移動するためのステップ。上に跳ねずに進行方向に足を送り出すのがポイントとなる。

## 進行方向にすねを倒し、上体をコントロールしながらお尻で体を押し出す

進行方向を変えるときにポイントになるのが「すねの角度」。進行方向にすねを倒すことで、スムーズな重心移動ができ、素早く切り返すことが可能になる。

同時に、体幹の形を維持しながら、お尻で体を押し出すことでキレのある動きができるようになる。

NG

バランスを崩す

NG

ひざが内に入る

NG

重心が残る

体幹の形（コアボックス）とすねの角度を一致させるのがポイント
進行方向にすねを倒して重心移動

DRILL & TRAINING

### 切り返しやターンに役立つ筋力トレーニング

体幹を維持しながらお尻で力強く押し出すための筋力を鍛え、実際の動きに慣れておこう。

臀部のトレーニング

← P.102参照

わき腹のトレーニング

← P.107〜参照

横向きドリル

← P.122〜参照

自重をコントロールできるスピードの範囲内
でターンできるようにスピードを落とす

### チェンジオブペース、シザース、グース、スプリットも原理は同じ

# さまざまな競技でプレーに変化をつけるステップに応用する

加速局面、減速や停止時の体の使い方は、さまざまな競技の中で、メリハリをつけるための動作に応用できます。

直線的な動きであれば、ランニングスピードの緩急をつけて相手を振り切るための「チェンジオブペース」や「シザースステップ」、相手に動きを読ませずに翻弄するための「グースステップ」、次の動きをスムーズに行うための「スプリットステップ」など、さまざまなステップがあります。

これらの全てのステップに共通しているのは、スピードを緩めた局面からの加速ということです。体を伸び上がらせてから加速するような動作が多いため、別モノに感じるかもしれませんが、接地した足の反動をつけるために伸び上がったり、軽くジャンプをしているだけで、体の使い方の基本は同じです。

加速局面の体の使い方を応用することで、さまざまな競技でもキレのある動きができるようになります。それぞれのステップのメカニズムを理解しましょう。

進行方向に向けてすねを傾ける

お尻の筋肉を使って進行方向に大きく踏み出す。連続してターンをしたい場合は上体の姿勢で調整する

上体をコントロールしながらターンする方向にすねを傾ける

多くのスポーツ競技で必要とされる、左右に運動の方向を切り返す動作。とくに、相手に対峙した場面では、切り返しのスピードが重要なポイントとなる。トップスピードでは運動の方向を切り替えられないため、速くても7割程度のスピードからの切り返しになる。

切り返したところから素早く加速するためには、進行方向にすねを傾け、お尻の筋肉を使って一気に重心を押し出す動きが不可欠になる。

## チェンジオブペース

スピードを少しゆるめたところから、相手を振り切るために一気に加速するのが「チェンジオブペース」。バスケットボール、サッカー、ラグビーなど、さまざまなスポーツ競技で有効なテクニックだ。

メリハリがポイントになるため、スピードをしっかり落としたところから一気に加速するのが重要になる。

空中で脚を入れ替えるように前の脚を引き戻す

ランニング中にひざを高く上げるように軽くジャンプする

## シザーステップ（方向転換）

シザーステップで接地をするときに進行方向を変えるとより効果的になる。最初のスピードを十分に落としたところから一気に加速すれば、大きく左右にズレるステップができる。

## シザースステップ(直線)

上体を前傾させお尻の筋肉で体を前に押し出す
振り下ろした足を地面に突き刺すように接地させる

サッカーのドリブル局面、ラグビーやアメリカンフットボールでの加速局面などで使われるステップ。前に振り上げた足を戻しながら接地して、一気に推進力を得て加速するステップ。ジャンプすることで大きな反動を得る場合が多いが、バスケットボールなどでは、止まったところからの加速でも使われる。

ジャンプしからの接地で得た大きな反力を推進力につなげることができる

すねに合わせて、体幹を安定させたまま進行方向に傾け、お尻で押し出す

わき腹をつぶし、すねを進行方向に傾けて接地

## グースステップ

コントロールスピードで走っているところから、素早く足を横に踏み出してターン方向に加速する

ラグビーやアメリカンフットボールで相手を振り切るときに使われるステップ。サッカーのドリブル中のシザースターン、バスケットボールのクロスオーバーステップなども、この動きと同じ体の使い方になる。

左右に素早く方向を切り替えるため、上体のバランスを維持することが大切。成功の決め手となるのはスピードのコントロール。フェイントで最初に足を横に踏み出すときのスピード、踏み出した後のクイックストップ、そこからフルパワー加速で目の前の相手のスタンスを崩すことを目的としたステップだ。

接地の反動を利用して、進行方向にお尻で体を押し出す

移動距離が長い場合、前傾姿勢を保ってクロスステップで一気に加速する

外側の足を接地させるときに、逆方向にすねを傾ける。
わき腹をつぶして上体のバランスをコントロールする

## スプリットステップ

テニスやバドミントン、野球の内野守備などでも使われているのがスプリットステップ。相手がボールを打つタイミングで、その場で軽くジャンプ。その間に状況を判断して左右に移動する。

ジャンプからの接地で得たエネルギーを使って力強いスタートが切れるようになる。

肩幅より少し広めのスタンスで立ち、相手が打ち出すタイミングに備える
進行方向を判断し、すねの角度、上体の前傾など、すぐにスタートできる姿勢で接地する
相手がインパクトするタイミングに合わせて、その場で軽くジャンプする

NG 前傾できずにスタート直後から上体が起きる

## Q1 加速局面でありがちな悩み

# 前傾を保てず体が起きてしまう

スタートダッシュや加速局面で前傾姿勢を保とうと思っても、すぐに上体が起きて姿勢が高くなってしまう原因は大きく2つに分けることができます。

一つ目の原因は体幹の筋力不足。加速局面では前傾が大きくなるため、姿勢を維持するには筋力が必要です。自分では前傾しているつもりでも、実際は思ったほど前傾できていないことが多いものです。よく見られるのが、背中が丸まっていたり、頭だけが前に出ている姿勢です。頭から足先までが一直線になる姿勢を作るための筋力をつけることが大切です。

2つ目は、地面を蹴る方向です。すねの向きが倒れ過ぎていたり、後ろまで蹴ってしまうことで前傾が保てなくなります。また、地面を蹴る意識が強く、すねが立ち過ぎて上に跳ね上がってしまうケースもあります。

何れにしても、まず自分がどんな理由で前傾できないかを理解し、必要に応じて筋力トレーニングやスキルドリルをやっていくことが大切です。

# A1 目的に合わせたトレーニングをしよう

これで解決!

接地の感覚がつかめていない人は、接地に関わるスキルトレーニングを行う。

また、もともと筋力が弱い人や、スキルトレーニングで筋力不足を感じた人は、筋力トレーニングをやっておくことが大切。自重を支持するための臀部の筋肉、姿勢を維持するための体幹部の筋肉、腕振りに関わる上体の筋肉を強化しておこう。

## DRILL & TRAINING

## ウォールドリルで姿勢や筋力を確認し 必要に応じて筋力トレーニングを行ってから ランニングドリルで体の使い方を覚える

●ウォールドリル

← P.99参照

背中が丸まったり、ひざが曲がる

### 接地時にフォームを維持できない人は筋力を強化しよう

●体幹安定トレーニング各種

← P.100参照

●中臀筋トレーニング各種

← P.104参照

●体幹トレーニング各種

← P.106参照

●連動トレーニング各種

← P.109参照

●ランニングドリル各種

← P.111～参照

Q2 加速局面でありがちな悩み

# 加速局面で足がズルッと滑る

100メートル走でタイムを測るときや、雨でコンディションの悪いグラウンドなどで、何回も足を滑らせる人を多く見かけます。もちろん、たまたま足を滑らせる状況もありますが、その頻度が多い人は走り方に問題があることを疑った方がいいでしょう。

本書で紹介している「前回し」のランニングフォームができていれば、それほど頻繁にズルッとバランスを崩すことはありません。

それに対して、地面を後方に蹴る「後ろ回し」の走りをしている人は、路面が悪かったり、力みが生じるとズルッといってしまうことが多くなります。自分では意識していなくても、足首のスナップで地面を後方に蹴る動作になっているのです。

心当たりのある場合は、地面を真下に踏む感覚を身につける必要があります。重心を前に置き、ひざから下を地面に突き刺すイメージで脚を前に運ぶ意識を持つことが大切です。

# A2 前に振り出した足を地面に突き刺すイメージで重心を前に運ぶ

これで解決!

前回しの走りができれば足を滑らせることが少なくなる。そのためにも、脚を後方に運ぶのでなく、前に運ぶ意識を強く持つことが大切。

前に運んだ足のひざから下、地面に刺すように接地することで反力で弾む感覚が得られるだろう。足首の角度を固めて下に突き刺すイメージで走ってみよう。

ひざから下を固定して地面に突き刺すイメージ

実際は真下より後方に向けて接地するが、意識としては真下に突き刺すイメージ

足首の角度を固定することで地面で弾む感覚が得やすくなる

すねの前傾角度と体幹（コアボックス）が平行の姿勢ができていれば滑らない

上体の姿勢が悪い人は地面を後方に蹴らないと進まない

## DRILL & TRAINING ランニングドリルでひざから下を固めて地面を真下に押す感覚をつかむ

フラット接地やつま先接地をするためには、足首を固めて地面を真下に押すような脚の使い方が大切。この感覚がつかめていない人は、接地で地面からの反力を使うの足の使い方を覚え、地面で弾む感覚を身につけよう。

●バウンディング

← P.120参照

●ホッピング

← P.122参照

スタート直後にひざが伸び切る（上体が立つ）

スタート後にひざが伸び切らない（上体が前傾）

## Q3 加速局面でありがちな悩み

# ひざがすぐに伸び切ってしまう

スタート直後からすぐにひざが伸び切ってしまう人は、前傾姿勢から加速しようとするあまり、地面を蹴って脚が後方に流れてしまいます。ひざが伸び切っていると、そのぶん足が後ろまで大きく回ってしまい、ピッチが高まらずに加速が遅くなります。

なかでも、上に高く跳んでしまう人は、前傾を保てずに上体も立ってしまうため、非常に効率の悪い走りになってしまいます。できるだけ長く前傾姿勢を保って自重を推進力につなげていくことで効率よく加速できるようになります。

後方まで蹴り出すことでひざが伸び切ってしまう場合も同じです。最初は前傾を保てていたとしても、脚を前に送り出すのに時間がかかるため、すぐに上体が起き上がってしまいます。

どちらの場合も、脚を後ろに送るのでなく、前に引きつける意識を持つことが大切です。適切なタイミングで脚を前に持ってこれない人は、脚を前に引きつけるために必要な筋力の強化が必要です。

# A3 できるだけ長く前傾姿勢を保ち脚を素早く前に引きつける

これで解決!

スタート直後からひざが伸び切ってしまう人は、脚をすぐに前に引きつける動作を意識することが大切。

地面を蹴って進むイメージを捨て、体の前側で素早く脚を引きつけて上下にピストンさせるイメージで「前回し」を意識することで改善される。

### 「前回し」と「後ろ回し」の走りの足（くるぶし）の軌道

○「前回し」の足の軌道

NG「後ろ回し」の足の軌道

## DRILL & TRAINING 脚の入れ替えドリルで脚を素早く前に引きつける感覚を磨く

脚を体の前で使う意識を高めるために脚の入れ替えドリルをやっておこう。接地と同時に素早く脚を前に引きつける感覚を身につけよう。

← P.112〜参照

## Q4 加速局面でありがちな悩み

# 体を左右に揺さぶると速くなる?

オリンピックや世界陸上など、世界トップクラスのスプリンターの中には、スタート直後に体を左右に揺さぶって走る選手がいます。その走法の是非について聞かれることもあります。

体を左右に揺さぶるということは、そのぶん、歩隔も広くなるため足の接地点が左右にバラけます。もともと歩隔が広いランナーの場合、体を揺さぶっているように見えるかも知れません。

この走法では、重心の位置が接地した地点よりかなり内側にあるため、速く走るためには前傾をかなり深くする必要があります。

トップスプリンターがクラウチングからの低い前傾姿勢を保つためにこのようなスタートをすることで、いいタイムを出しているのは、それに必要とされる筋力やスキルがあるからです。

一般ランナーでは、筋力不足や体の左右差で歩隔が広がって、止むを得ずこのようなフォームになっている人が多いので意図的に真似るのはやめましょう。

# A4 歩隔は体型によって自然に決まる。あえて意識しない方がよい

体型や体の特性によって歩隔は自然に決まる。それを意識して変えるメリットは見当たらない。U・ボルトは極度の側彎症が原因で上体を左右に振らざるを得なかったという例がよく知られている。

それとは逆に、内転筋や中臀筋が弱いことで着地が一直線上になってしまうケースもある。この場合は、ケガのリスクが高くなるので、必要な部位の筋力を高めることで歩隔も変わってくるだろう。

歩隔の広い走り

2本のレールを走るような広い歩隔で走るには、支持脚を安定させるための中臀筋や内転筋の強さが必要

少し狭めの歩隔の走り

疾走局面では足が巻いて内側に入るが、加速局面では前傾が深くなるぶん、少し歩隔が広くなる

接地が一直線上

接地が一直線上になるとケガのリスクが高くなる

## DRILL & TRAINING 自然に歩隔を広げるためには体幹の側面や骨盤まわりを鍛える

歩隔を広げて走るためには、体側部や骨盤まわりの筋力の強度が必要になる。中臀筋や体幹部のトレーニングをやっておこう。

●中臀筋トレーニング

← P.104～参照

●体側部のトレーニング

← P.102～参照

●体幹部のトレーニング

← P.106～参照

## Q5 方向転換するときにありがちな悩み

# 左右に大きくステップできない

まっすぐに走っているところから、左右に方向転換しようとしたときに、どうしても直線的になってしまうと悩んでいる人も多いようです。

確かに、左右に大きくコースをズラすには筋力が必要です。しかし、それ以前に、トップスピードで走っているところから、いきなり鋭角にサイドステップは踏めません。1歩で大きく左右にズラしたいのであれば、まず減速動作を修得する必要があります。

身体能力の高い選手が、一見、90度に近い角度で加速しているように見えても、実際は45度くらいの角度が出ていれば十分なものです。

それより大切なのが、動きのメリハリです。十分に減速したところから、方向転換した瞬間に一気に加速することで、相手は実際より鋭角にターンしているように感じるのです。この「動きのキレ」が、客観的に見た大きなズレを生み出します。

下半身の筋力の強化も併せてやっておくといいでしょう。

# A5 鋭角にターンするためには、十分にスピードをゆるめてから進行方向にすねを傾ける

これで解決!

鋭角にターンしたいなら、そのぶんスピードをゆるめる必要がある。そこから、すねを進行方向に倒して、一気に重心移動で加速することで走りにキレが出る。

自重を効率よく使うためのポイントは、❶つま先を正面に向けて接地、❷すねを進行方向に傾ける、❸すねの角度に合わせて体幹を安定させる、❹お尻の筋肉を使って体を押し出す、❺腕振り動作を同調させるなど、直線を走るときと同じです。

❸すねの向きに体幹を傾けて安定する
❷すねを進行方向に傾ける
❶つま先は正面に向けて接地
進行方向
❺腕振りを同調させる
❹お尻の筋肉で体を押し出す

## DRILL & TRAINING 下半身や体幹のトレーニングが効果的

体の使い方を身につけた上で下半身や体幹の筋力をつけることで、さらにスムーズに動くことができるようになる。

●体側部のトレーニング

← P.102参照

●体幹のトレーニング

← P.106~参照

NG
重心が残る
NG
バランスが崩れる
NG
ひざが内側に入る

## Q6 方向転換するときにありがちな悩み

# 切り返すときにバランスを崩す

方向を変えるときや左右に切り返すときにバランスを崩したり、時間がかかってしまうという悩みを持つ人も多いようです。

切り返しのときに体が流れてバランスを崩したり、重心が残っていると、次の動きにスムーズに移行できません。これらの原因としては、「足のつき方」に問題があるか、体幹や下半身の筋力不足が考えられます。

足をついたときに、つま先が外に向いていると、力が外側に逃げて体が流れたり、重心が残って切り返しに時間がかかってしまいます。また、進行方向に向けてすねを傾けるには大きな筋力が必要になります。

すねの向きが合っているにもかかわらず体が流れてしまう人は、体幹（コアボックス）が崩れていることでしょう。体側部の筋力不足が原因と考えられます。

切り返しのときにひざが内側に入ってしまう人は、ひざにかかる負担が大きくケガのリスクが高くなります。

# A6 横向きの体の使い方に慣れると同時に筋力も強化しておこう

これで解決!

横向きのステップや接地に慣れるためのスキルトレーニングをやっておこう。

スキルトレーニングでバランスを取るのに苦労する人は下半身や体幹部のトレーニング、腕振りを連動させるための上体のトレーニングをやっておくといいだろう。

## DRILL & TRAINING スキルトレーニングで横方向の動きに慣れ、下半身・体幹・腕振りなど筋力トレーニングを行う

●ラテラルステップ

← P.122参照

●片脚ラテラルジャンプ(外脚・内脚)

← P.124参照

●体側部のトレーニング各種

← P.102参照

●体幹のトレーニング各種

← P.106~参照

●上体のトレーニング各種

← P.110参照

# 局面に応じたドリル&トレーニング

*ランニングスキルを身につけるに当たって、自分の強化したい局面に合わせたトレーニングをしていくことも大切。ここではその一例を紹介しよう。*

## ●各局面に共通のドリル

●もも上げ歩行 ← P.112参照

●脚の入れ替えステップ ← P.114参照

●脚の前方入れ替え（シザース） ← P.114参照

●もも上げスプリント ← P.116参照

●バウンディング ← P.120参照

●プライオメトリクス ← P.120参照

## ●中間疾走局面に有効なドリル

※その他、トレーニング各種

●脚の前回転 ← P.118参照

●支持脚でケンケン ← P.118参照

●ポップコーンスキップ ← P.121参照

●ホッピング ← P.122参照

## ●加速局面に有効なトレーニング

●ウォールドリル

← P.99参照

●サイドプランク各種

← P.102参照

●中臀筋トレーニング各種

← P.104参照

●体幹部トレーニング各種

← P.106参照

●上体のトレーニング各種

← P.110参照

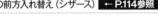

# Part 4

## 今より速く走るための

# 補強トレーニング＆スキルトレーニング

### 理想のフォームに近づけるための補強トレーニング

# 姿勢を矯正してランニングに必要な筋肉を強化しよう

速く走るためのフォームを身につけるには、正しい姿勢を身につけると同時に、自重をコントロールするための筋力が必要です。

姿勢に乱れがあると、ランニング中に地面から得たエネルギーを効率よく推進力につなげられません。速く走るためには、まず姿勢を矯正するのが先決です。

姿勢が乱れていると、日ごろから使われる筋肉が限定され、本来、使われるべき筋肉が弱くなっています。それらの筋肉に刺激を与えることで、ふとした動作の中でも今まで眠っていた筋肉が動員されるようになり、姿勢が矯正されます。

また、今までと異なるフォームを身につけるためには、それに必要な筋力が備わっていることが前提になります。必要レベルの筋力に達していないと、フォームが乱れるだけでなく、ケガのリスクも高くなるので注意しましょう。

本書で紹介している回数やセット数を目安に、自分のできる範囲で調整しながらやっていきましょう。

筋力の確認

矯正トレーニング❶

## 骨盤の傾斜を矯正するための体幹トレーニング

骨盤の後傾した人は、体幹部の筋力や柔軟性に問題があることが多い。日ごろから使われていない筋肉を活性化させるためのトレーニングをしておこう。

10回×2セット

1

バランスボールの上にまっすぐに座り、手のひらが向き合うように両腕を胸の前で水平に伸ばす

2

腕を前方に伸ばしたまま手のひらを返しながらお尻を後方にズラし、元の位置に戻る

筋力の確認

矯正トレーニング❷

## 裸足のトレーニングで荷重バランスを確認

スクワットやランジは臀部やハムストリングのトレーニングだが、これを裸足で行うことによって、自分が日ごろから足の指が使えているかを確認できる。スクワットでは立ち姿勢、ランジでは接地時の荷重バランスを確認できる。足裏の感覚に注意してやってみよう。

●裸足スクワット

10回×3セット

1

肩幅程度のスタンスで、手のひらを下に向けて両腕を胸の前で水平に伸ばして立つ

2

腕を動かさずにお尻を後方に突き出すようにゆっくり姿勢を落とし、ゆっくり元に戻る

肩が上がったり、背中が丸まらないように注意

●裸足ランジ

左右交互に
10回×2セット

1

まっすぐに立ち、太ももが水平になるところまで片脚を上げる

2

腕を振りながら、両ひざの角度が90度になるように上げた脚を前に運び、元の姿勢に戻る

NG

ひざが内側に入ったり、上体がのけ反らないように注意

筋力の確認

### 矯正トレーニング③

## 着地に必要な筋力を確認するためのサイドランジ

ランニング動作では、着地のときにバランスを崩さずに片足で自重を支える筋力が必要とされる。正しいフォーム修得に必要な筋力が備わっているかを確認しよう。

左右それぞれ
10回×2セット

1

両腕を体の前に水平に伸ばし、片脚立ちになる

2

上体の姿勢を保ったまま、ひざの角度が90度になるように、上げた脚のつま先とひざの向きを合わせて横に踏み出し、元の姿勢に戻る

NG

ひざが内側に入ったり、着地でつま先が外に向かないように注意

筋力の確認

矯正トレーニング❹

# ウォールドリルで体幹の安定性を確認する

下肢を大きく動かしたときに体幹部がブレずに安定できるかを確認するためのトレーニング。実際のランニング動作に近い動きで体幹がブレないかを確認しよう。

## ●脚の入れ替え

左右交互に

20回×2セット

1

カベから1m程度離れた位置に立ち、肩の高さで両手をカベにつき、太ももが地面と水平になるところまで片脚を浮かせる

2

体幹の姿勢を保ちながら左右の脚を素早く入れ替える

## ●脚の入れ替え（片手で支持）

左右それぞれ

20回×2セット

1

肩の高さで片手をカベにつき、太ももが地面と水平になるところまで片脚を浮かせる

2

体幹の姿勢を保ちながら左右の脚を素早く入れ替える

## ●脚の引き寄せ（加速局面）

左右それぞれ

10回×2セット

深い前傾から脚を引きつけるトレーニングをすることで爆発的なスタートにつながる

1

両手をカベにつき、体幹の姿勢を保ちながら、体が一直線になるように脚を後方に伸展させた姿勢からスタート

2

上体をカベに近づけると同時に、伸ばした脚を折りたたみながら、素早く前に惹きつける

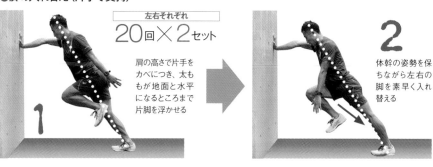

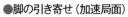

姿勢を矯正!

## 矯正トレーニング❺
# 体幹を安定性を高めるためのプランク

ランニング中に体幹がブレたり、もともと姿勢に問題がある人は、姿勢を保つための基本的な筋力をつけておこう。慣れてきたら、脚の動きを入れて強度を徐々に高めていこう。

### ●姿勢を維持

**正しい姿勢で**
20秒×2セット

前腕が平行になるように両ひじを床に着いて、体幹部を一直線にした姿勢を維持する

NG

お腹が落ちてしまわないように注意

NG

お尻が高くならないように注意

### ●開脚（左右）

**左右それぞれ**
7回×2セット

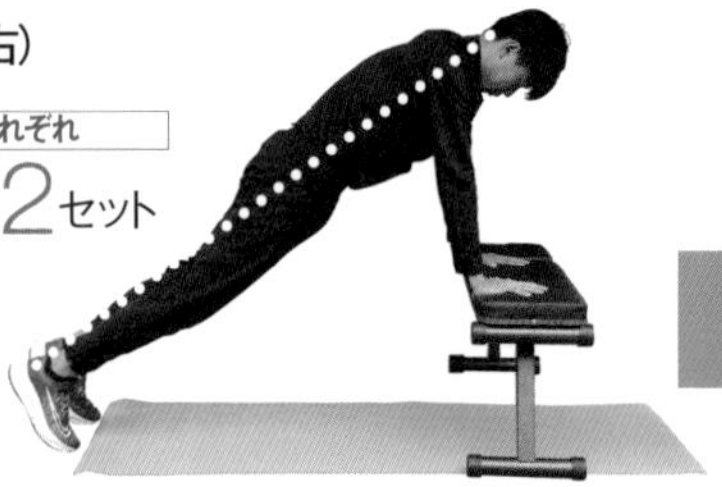

1

台の上に両手をつき、体幹部が一直線になる姿勢からスタート

2

姿勢を維持しながら、つま先が外を向くように片脚を体の横にゆっくり上げ、ゆっくり元に戻す

### ●開脚（前後）

1

台の上に両手をつき、体幹部が一直線になる姿勢からスタート

2

姿勢を維持しながら、片脚を浮かせ、ひざを折りたたみながらゆっくり前に出し、ゆっくり元に戻す

**左右それぞれ**
7回×2セット

NG

背中が曲がらないように注意



NG

背中が反らないように注意

## ●クロスウェイアップ

左右それぞれ
10回×2セット

1

四つ這いの姿勢になり、体幹をまっすぐに保ったまま、右手と左脚を浮かせ、体の下でひじとひざを近づける

2

体幹の姿勢を変えずに、浮かせた腕と脚が水平になるところまで前後にゆっくり伸ばし、ゆっくり元に戻す

## ●プッシュアップ

正しい姿勢で
10回×2セット

1

体を一直線に保ち、肩の真下に手をついて体を支える

2

ひじが外側に開かないようにゆっくり胸を床に近づけ、ゆっくり元に戻す。肩甲骨の動きを意識することが大切

姿勢を矯正!

矯正トレーニング❻

# 体幹を安定させるためのサイドプランク

体幹部側面の筋力に問題があると、腕振りを加えた総合的な動きの中で体幹がブレてしまう。腹斜筋や中臀筋の強さも確認しておくことが大切。

## ●姿勢の維持（片脚支持）

横向きで床にひじを着き、体幹を一直線に保ちながら、下側の脚を浮かせ、姿勢を維持する

腰の位置が高くならないように注意

腰が落ちないように注意

## ●浮かせた脚を上下に動かす

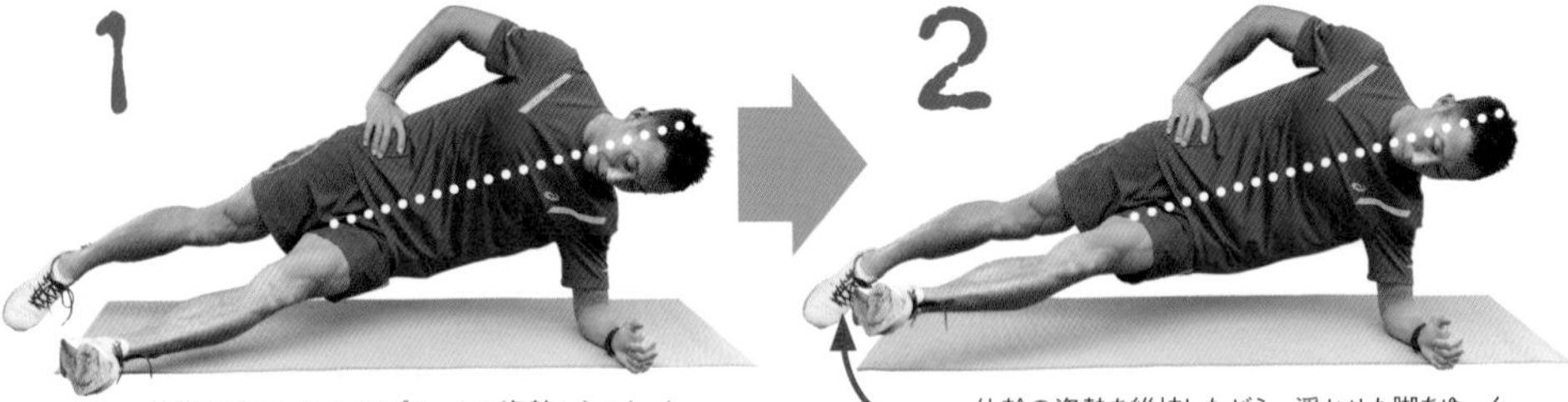


片脚を浮かせたサイドプランクの姿勢からスタート

体幹の姿勢を維持しながら、浮かせた脚をゆっくり上げ、ゆっくり元に戻す

## ●浮かせた脚の屈伸

片脚を浮かせたサイドプランクの姿勢からスタート

体幹の姿勢を維持しながら、浮かせた脚のひざを曲げてお腹に近づけ、ゆっくり元に戻す

姿勢を矯正！

矯正トレーニング⑦

# 地面をしっかりつかむための足趾の補強トレーニング

日ごろから足の指を使うことに慣れていない人は、使えていない指の筋力が衰えていることが多い。

とくに、シンスプリントになりやすい人や扁平足の人は、タオルギャザーで全ての指を均等に使えるようにしておくことが大切だ。

## ●タオルギャザー（5指使用）

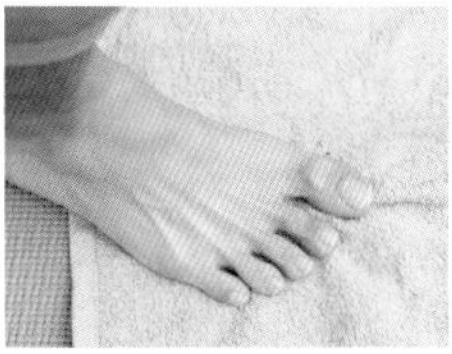

1 裸足になってタオルの手前側に足を置く

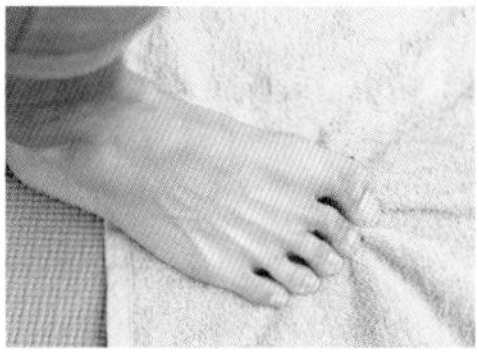

2 足の指でタオルをつかみ、手前にたぐり寄せる

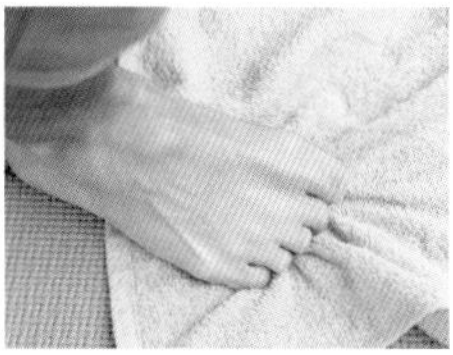

3 5本の指を全て使ってタオルをつかむことが大切

左右それぞれ

約80cm×2セット

※フェースタオルの長さ

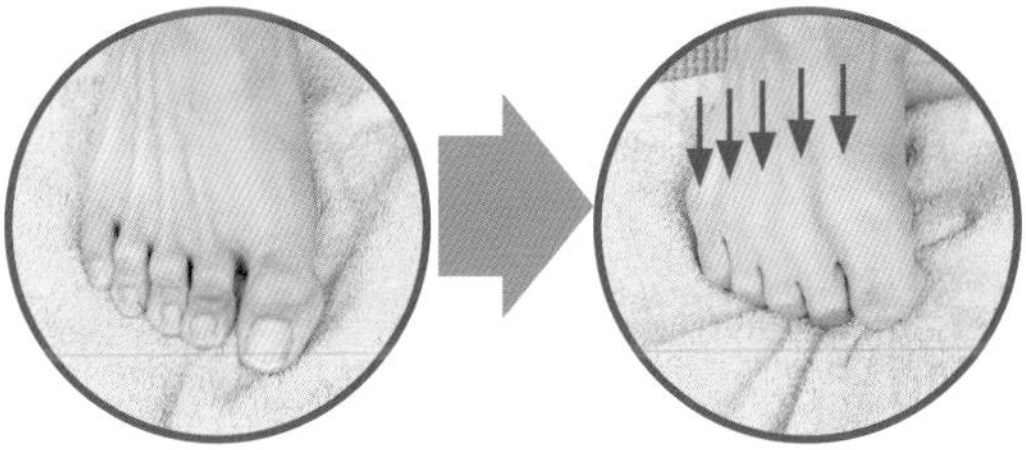

つかんだときに指のつけ根の関節まで使えていれば、すべての指を使えていることになる

## ●できない人は小指をサポートする

左右それぞれ

10回×2セット

タオルギャザーで小指側を使えない人は、指などでサポートしてもらい、小指でつかむ練習をしよう。

NG

日ごろから親指しか使えていないと小指側でつかめない

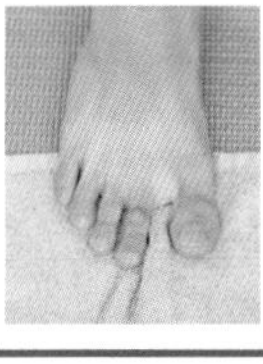

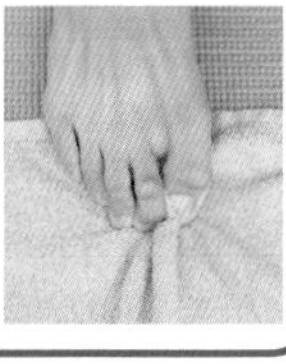

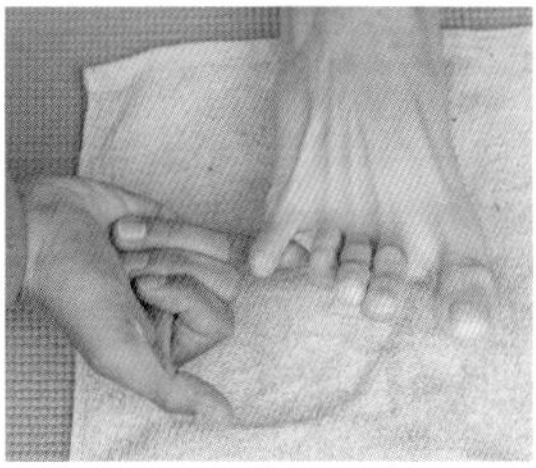

1 パートナーが小指の下に手の指を添える

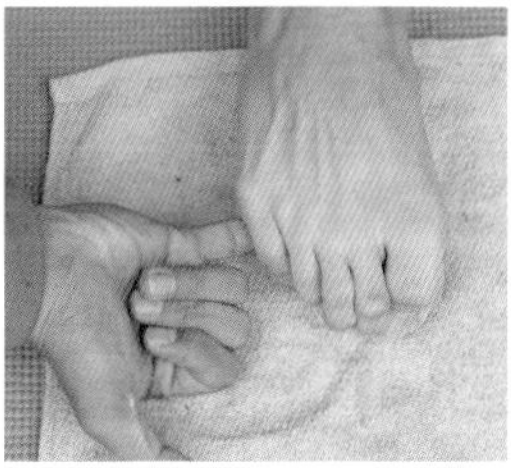

2 添えられた指を足の小指でギュッと握り、元に戻す

筋力を強化!

## 補強トレーニング 1

# 着地を安定させる中臀筋や内転筋のトレーニング

ランニングは負荷を片脚で支持する動作の連続となる。着地時のプライオメトリック(瞬間的なパワー)な負荷に耐えるための中臀筋や内転筋の筋力をつけておこう。

### ●片脚立ちサイドレイズ

左右それぞれ

7回×2セット

1

片手でダンベルを持ち、同じ側の脚を太ももが水平になるところまで浮かせてまっすぐ立つ

2

姿勢を維持したまま、体の横で腕が水平になるところまでダンベルをゆっくり上げ、ゆっくり戻す

### ●片脚デッドリフト(前方プッシュ)

左右それぞれ

7回×2セット

1

胸の前で両手でダンベルを持ち、太ももが水平になるところまで片脚を浮かせてまっすぐ立つ

2

両腕を前に出しながらゆっくり上体を倒し、支持脚のひざを曲げる。同時に浮かせた脚を後方にまっすぐ伸ばし、ゆっくり元に戻す

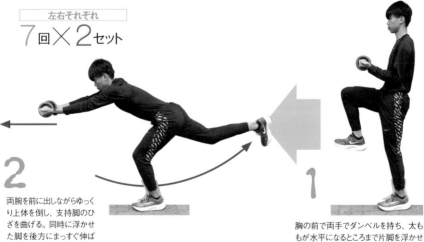

## ●片脚デッドリフト（ラテラル）

左右それぞれ
5回×2セット

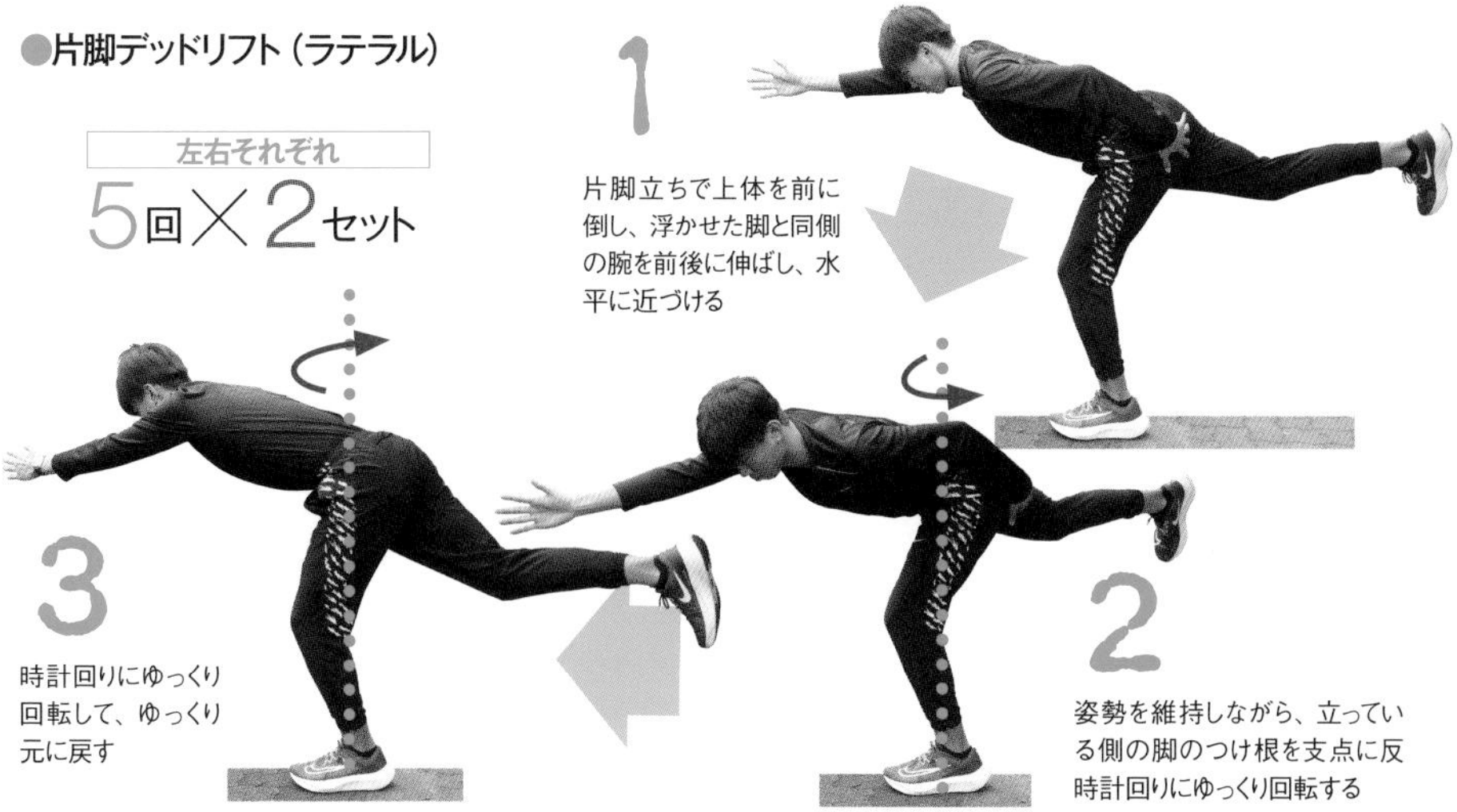

1
片脚立ちで上体を前に倒し、浮かせた脚と同側の腕を前後に伸ばし、水平に近づける

2
姿勢を維持しながら、立っている側の脚のつけ根を支点に反時計回りにゆっくり回転する

3
時計回りにゆっくり回転して、ゆっくり元に戻す

## ●サイドレイズ

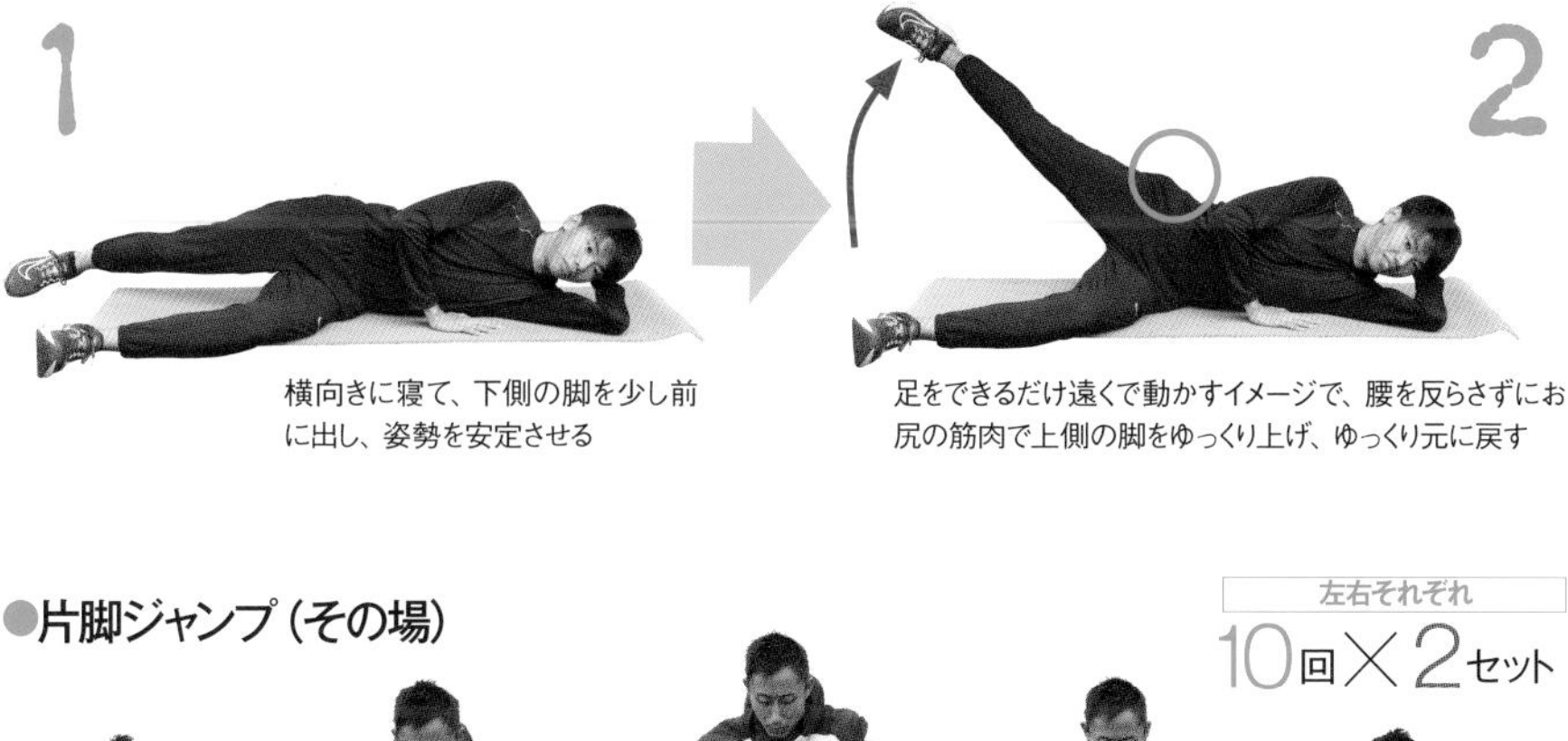

1
横向きに寝て、下側の脚を少し前に出し、姿勢を安定させる

2
足をできるだけ遠くで動かすイメージで、腰を反らさずにお尻の筋肉で上側の脚をゆっくり上げ、ゆっくり元に戻す

## ●片脚ジャンプ（その場）

左右それぞれ
10回×2セット

## ●片脚ジャンプ（前進）

左右それぞれ
20m × 2本

腕を振り上げて斜め前方に大きくジャンプする

体を沈み込ませて、腕を後方に引いて反動をつける

片脚立ちで上体を前傾させた姿勢からスタートする

筋力を強化！

### 補強トレーニング ②
# 体幹部の補強トレーニング

ランニング中の体幹部は3次元的な複雑な動きをするため、ブレない体幹を作るためにさまざまな腹筋をやっておくことが大切。他の筋肉と連動した使い方にも慣れておこう。

## ●ヒップリフト

左右それぞれ
10回 × 2セット

1

あお向けになり、片脚のかかとを床につけてひざを曲げ、もう一方の脚はひざを曲げて太ももが垂直になるあたりまで浮かせる

つま先を浮かせることで、臀筋がより収縮して負荷が高くなる。難しい人は足裏全体で支持してやってみよう

2

肩を浮かせず、ひざから肩までを一直線にするように、支持脚のひざが90度になるところまでゆっくりお尻を浮かせ、ゆっくり元に戻す

バランスを崩さずに片脚でしっかり静止し、次のジャンプに移る

ひざをやわらかく使って衝撃を吸収する

踏み切った足で接地するため、空中で前後の脚を入れ替える

空中で体がのけ反らないように注意する

## ●ツイストクランチ

左右それぞれ
10回×2セット

対象となる筋肉に手を置くだけで意識が高まり、トレーニング効果が高まる

1

片ひざを立ててあお向けになり、もう一方の脚のくるぶしを立てたひざに乗せる。立てたひざ側の手を頭の下に置き、もう一方の手をわき腹に乗せる

2

上体をゆっくり起こし、頭側のひじで浮かせた脚のひざにできるだけ近づけ、ゆっくり元に戻す。頭に添えた手で上体を引き上げないように注意しよう

●サイドクランチ

左右それぞれ

10回×2セット

1

あお向けでひざを90度に曲げて片脚を床に垂直に上げ、同側のひじを曲げて手のひらを頭の下に置く

2

上体をゆっくり起こし、頭側のひじで浮かせた脚のひざをタッチして、ゆっくり元に戻す

トレーニングの対象となる筋肉に手を置くことで効果が高まる

●サイドブリッジ

左右それぞれ

10回×2セット

1

横向きで床にひじをついて体を支持しながら、両脚をそろえてひざを90度に曲げる

2

体幹部がまっすぐになるところまで、ひざを曲げたまま上側の脚をゆっくり開き、ゆっくり元に戻す

●ラテラルVシット

左右それぞれ

10回×2セット

1

横を向いて、そろえた両脚を伸ばし床から浮かせ、片手で床を押さえながら、もう一方の手を垂直に挙げた姿勢からスタート。できる人は手で床を支持せずに行うと負荷を高めることができる

2

挙げた手とつま先をゆっくり引き寄せ、ゆっくり元に戻す

筋力を強化！

## 補強トレーニング③

# 四肢の動きと連動した体幹部の補強トレーニング

脚を動かしたときに骨盤がブレたり、腕を振ったときに体幹がブレてしまう人のための補強トレーニング。慣れてきたら、ダンベルプレートで負荷を高めていこう。

### ●デッドバグ（体幹の安定＋下肢の動き）

左右交互に
10回×2セット

チューブが外れないように片脚をゆっくり伸ばし、ゆっくり元に戻す

体幹の姿勢が崩れないようにすることが大切

あお向けで、太ももが垂直になるように、両ひざをそろえてひざを90度に曲げて浮かせ、両腕を胸の前で垂直に挙げる。腰の下にチューブなどを置き、パートナーに引っ張ってもらう

**ADVANCE** プレートを持って行うと負荷が高まる

1 胸の前で両手でプレートを持つ

2 片脚を伸展させ腕を挙上する

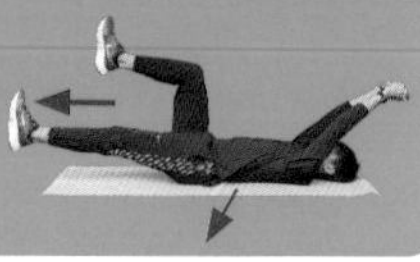

### ●アラウンドザワールド（体幹の安定＋上肢の動き＋下肢の安定）

左右それぞれ
順回転5回 逆回転5回

1 片ひざ立ちで胸の前で両手でプレートを持つ

2 プレートを持ち上げ、頭を一周させる

3 体幹の姿勢を維持して腕だけを動かす

4 5回転後に逆回しで5回転し、脚を入れ替える

筋力を強化！

## 補強トレーニング ④

# 腕振りに必要な胸部と後背部の補強トレーニング

　ランニングにおける腕振りは脚の動きとも連動するため非常に重要な役割を果たす。腕振りに必要となる前鋸筋、広背筋、肩甲骨まわりの筋力を高めておこう。

### ●腕振り（立位）

左右それぞれ
20秒

1

脚を前後に開き、前傾した姿勢で、素早く腕を動し、急に止めるように腕振りを行う

2

体幹がブレないように、前の手が耳の高さ、後ろのひじが肩の高さ程度の振り幅で素早く腕を振って止める。止めるときに体幹に大きな力が加わる

### ●腕振り（座位）

20秒

1

長座の姿勢で腕振りを行う

2

力強く腕振りができれば反動で体が前に進めるようになる

### ●ダンベルローイング

1

ベンチに片手と片ひざをつき、両肩の位置を水平に保ちながら、もう一方の手でダンベルを持つ

2

ひじの位置が体の横になるところまでゆっくり上げ、ゆっくり元に戻す。腕の力でなく、肩甲骨を引き寄せながら（下方回旋）ダンベルを上げることが大切

NG

腕の力で上げると体が開く

NG

上げるときに背中が丸まる

左右それぞれ
10回×2セット

### 必要なドリルを週2〜3回の頻度でやっておこう

**注意** ランニング系のドリルは20m程度、左右非対称のものは両側でやっておくことが大切

ランニングドリル❶ ← P.112参照

**重心移動をスムーズに行うためのドリル**

- スプリント歩行
- もも上げ歩行
- 脚の入れ替えステップ
- 2回弾んでから脚の入れ替え
- もも上げスプリント

ランニングドリル❸ ← P.120参照

**地面からの反力を生かせるようになるためのドリル**

- プライオメトリクス
- ポップコーンスキップ
- バウンディング
- ホッピング

ランニングドリル❷ ← P.116参照

**脚の軌道を改善するためのドリル**

- ひざ伸ばしスキップ
- 脚の前方入れ替え（シザース）
- 脚の前回転（その場）
- 支持脚でケンケン

ランニングドリル❹ ← P.122参照

**横方向の動きにキレを出すためのドリル**

- ラテラルステップ（右向き）
- 片脚ラテラルジャンプ（外脚）
- 片脚ラテラルジャンプ（内脚）

## 正しい体の使い方を身につけるためのスキルトレーニング

# 接地、脚のさばき、シザースと腕振りのタイミングを覚える

正しいフォームを身につけるためには、今までと違う感覚を身につける必要があります。理論はわかっていても、実際にやろうとすると、なかなかすぐに体現できるものではありません。トレーニングを通じて正しい感覚を身につけていきましょう。

ここでは、①接地の位置、②脚のさばき、③タイミングをつかむドリルと、④横方向への動きにキレを出すためのドリルを紹介していきます。

まず正しく脚を着地させて地面から反力を受ける感覚を磨き、体の前で脚を回して重心を前に移動させる動き、それらの動きを効率よく連動させるためのタイミングを身につけていきましょう。

さらに、横への動きをスムーズにするために、動員される筋肉の左右差をなくし、正しい体の使い方を覚えていくことが大切です。

ここで紹介している各ドリルのポイントを理解して、実際の動きやタイミングを動画で確認していきましょう。

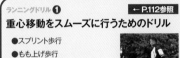

スキルを修得!

ランニングドリル ❶

# 重心移動をスムーズに行うためのドリル

「前回し」の走りをするためには、スムーズな重心移動で、接地した前の脚に乗り込むことが大切。ドリルを通じて、乗り込み動作をマスターすよう。

## ●スプリント歩行

歩きながらスプリントと同じ動作を行うドリル。接地したタイミングで浮いている脚が支持脚を追い越すように歩いてみよう。実際にスプリントするときは、この支持脚と浮いた脚は「4の字」の形となるが、歩行では「二等辺三角形」になるように心がけよう。

動作やタイミングを

**動画でCHECK!**

**URL** https://www.youtube.com/watch?v=fjcg6MEj_Rg

## ●もも上げ歩行

ミニハードルを乗り越えた瞬間に後ろの脚が接地する脚を追い越すように、脚の入れ替えを素早く直線的に行えるようにするためのドリル。上体が遅れないように気をつけよう。

動作やタイミングを

**動画でCHECK!**

**URL** https://www.youtube.com/watch?v=bp94O8ouA8w

接地　脚のさばき　タイミング

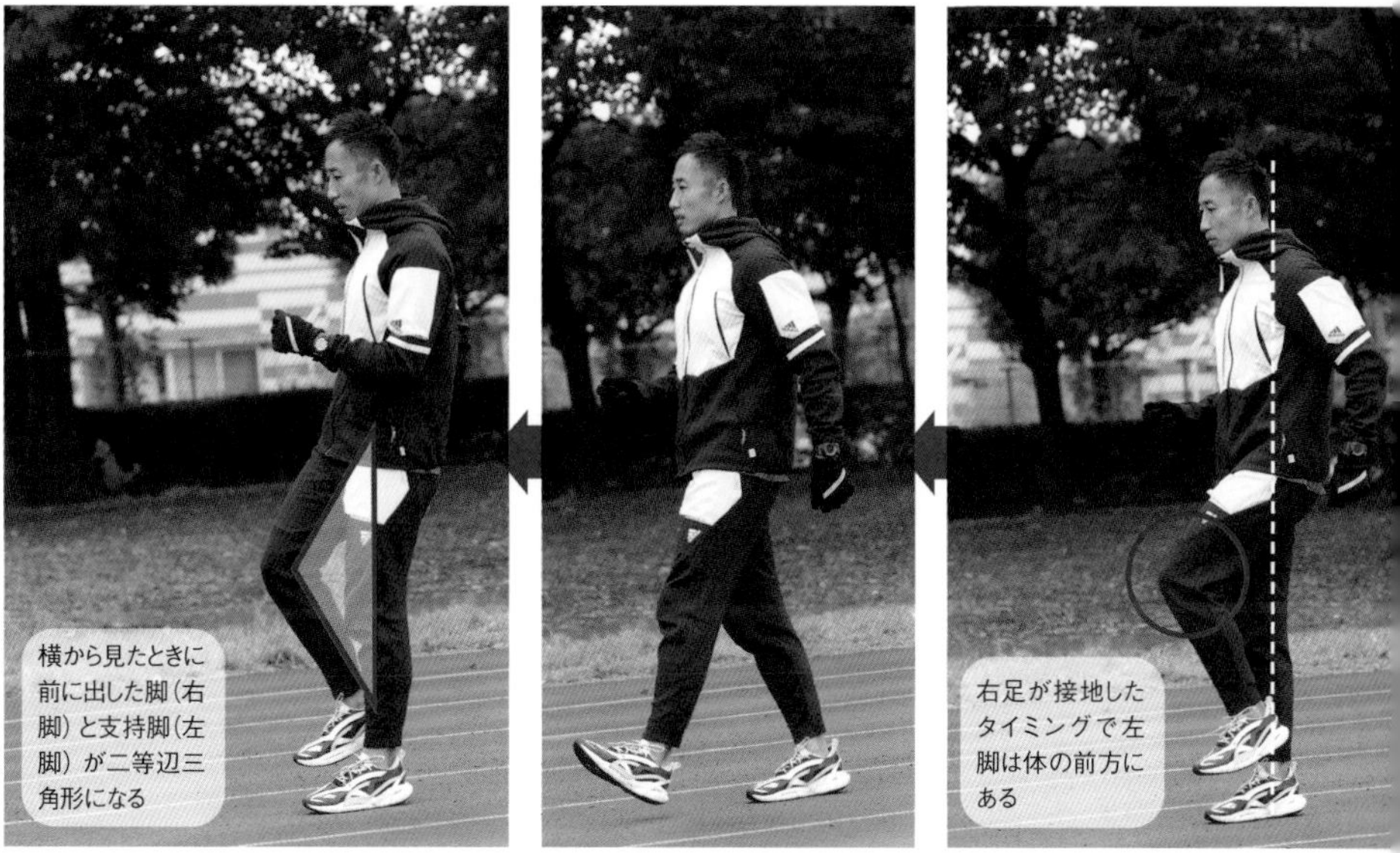
横から見たときに前に出した脚（右脚）と支持脚（左脚）が二等辺三角形になる
右足が接地したタイミングで左脚は体の前方にある

接地　脚のさばき　タイミング

上体が遅れないように注意する
ハードルを乗り越えた瞬間に浮き脚（左脚）が支持脚（右脚）を追い越す

脚を直線的に動かす意識を持つ

## ●脚の入れ替えステップ

「もも上げ歩行」のようにハードルを超えた後に、その場で素早く脚を入れ替え、最初の姿勢に戻ったところで、第一歩目と同じ脚でハードルを乗り越える。

動作やタイミングを
**動画でCHECK!**

**URL** https://www.youtube.com/watch?v=FzwLhmj6tWQ

片脚立ちの姿勢を崩さずにその場で2回弾む

## ●2回弾んでから脚の入れ替え

片脚立ちでその場で2回弾んだ後にハードルを超えながら脚を入れ替える。着地後に支持脚にしっかり乗って、バランスを崩さずに止まることが大切。

動作やタイミングを
**動画でCHECK!**

**URL** https://www.youtube.com/watch?v=0uGdir2w-84

## ●もも上げスプリント

一歩ごとに左右の脚を入れ替えて、実際のランに近づける。脚の動かし方や入れ替えがタイミングよくできているか確認しよう。

動作やタイミングを
**動画でCHECK!**

**URL** https://www.youtube.com/watch?v=ZYEOmW-5pHw

接 地　脚のさばき　タイミング

最初と同じ脚
で乗り越える
着地直後に
その場で脚を
入れ替える

接 地　脚のさばき　タイミング

着地後は支
持脚に乗っ
てから弾む

接 地　脚のさばき　タイミング

スキルを修得!

ランニングドリル ❷

# 脚の軌道を改善するためのドリル

ここで紹介するドリルを通じて、正しい脚の軌道を修得しよう。姿勢を崩さずに、前後の脚を入れ替えるシザース（挟み込み）動作を体の前で行いながら、前に乗り込んでいくことで、「前回し」のランニングフォームを修得できる。

## ●脚の前方入れ替え（シザース）

「2回弾んでからの脚の入れ替え（114ページ参照）」をハードルを置かずに行う。体の前で脚を入れ替えて、乗り込んでいくことが大切。両脚で挟み込む「シザース」の動きを意識して、脚を素早く動かそう。

動作やタイミングを

動画でCHECK!

URL https://www.youtube.com/watch?v=iwrBnbE8L5Q

接 地 脚のさばき タイミング

## ADVANCE ① 脚の入れ替え（プレートを前後に動かす）

ダンベルプレートを胸の前で両手で持ち、腕が水平になるように前に突き出したところから、胸に引き寄せながら脚を入れ替えて前に乗り込む。背部の筋肉を意識してやってみよう。背筋や臀筋が弱いと背中が丸まってしまう。

## ●ひざ伸ばしスキップ

体の前で脚を入れ替えられるようになるためのドリル。ひざを伸ばしているぶん、意識しないと前での入れ替えができなくなる。

動作やタイミングを
**動画でCHECK!**
URL https://www.youtube.com/watch?v=n6nFiJiaqQg

接 地 | **脚のさばき** | **タイミング**

ひざを伸ばして体の前で入れ替える

上体の姿勢が崩れないように注意する
挟み込むように脚を素早く直線的に動かす

## ADVANCE ② 脚の入れ替え（プレートを横に動かす）

体側部の強さが必要になる

片脚を浮かせ、胸の前で両手でダンベルプレートを持ち、脚を入れ替えるタイミングでプレートを横に突き出し、次に脚を入れ替えるタイミングで元に戻す。背中の筋力に加え、腹斜筋が弱いと斜めに崩れてしまう。

## ●脚の前回転（その場）

ひざから下を地面に突き刺すイメージ
ひざから下を固めるため、足首の角度を変えないのがポイント

脚の動きをマスターするために、片脚立ちになり、浮かせた脚を体の前で回すドリル。脚を動かすときは、太ももを惹きつけるようにひざを高く上げ、足首の角度を保ったまま下肢が振り出されるように動かす。その反動で支持脚のかかとを浮かせながら、脚を元のポジションに戻す動きを連続して行う。太もも裏側の筋肉（ハムストリング）に余計な力が入らないようにやってみよう。

動作やタイミングを
**動画でCHECK!**

**URL** https://www.youtube.com/watch?v=n42ZjQayZao

## ●支持脚でケンケン

「脚の前回転（上記参照）」と同じ要領で、脚を回しながら前に進んでみよう。足を前方に蹴り出す反動を利用して跳びながらケンケンで前に進む。両足で着地し、最初と同じ動きをくり返す。突き出した足のくるぶしで体の前に円を描くように脚を動かすのがポイントだ。

動作やタイミングを
**動画でCHECK!**

**URL** https://www.youtube.com/watch?v=_-liRk5bp80

接 地　**脚のさばき**　タイミング

脚を直線的
に引き上げ
るイメージ

接 地　**脚のさばき**　**タイミング**

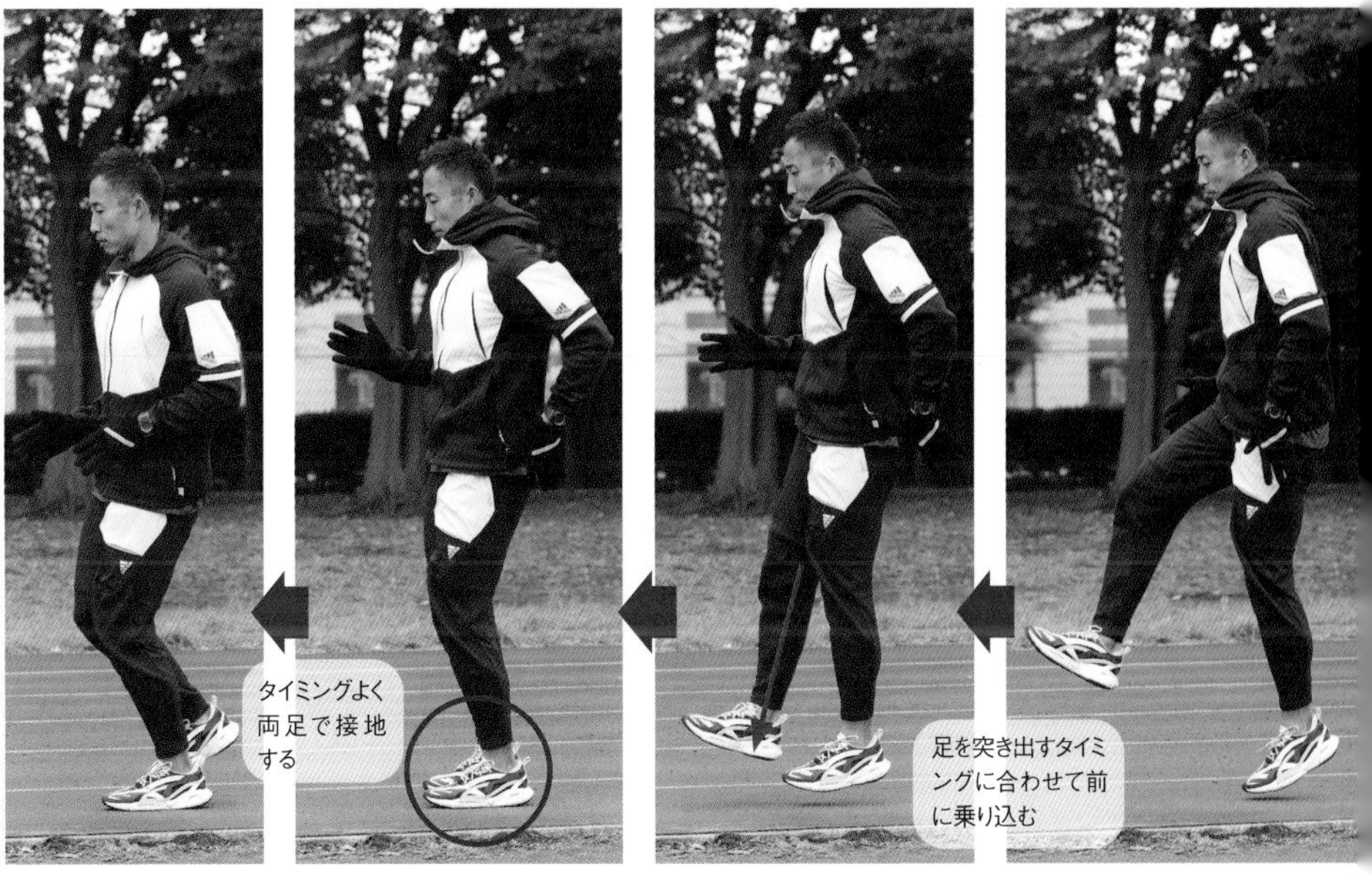
タイミングよく
両足で接地
する
足を突き出すタイミ
ングに合わせて前
に乗り込む

スキルを修得!

ランニングドリル ❸

# 地面からの反力を生かせるようになるためのドリル

地面から反力を得て体を浮かせる感覚を磨くためのドリル。できるだけ接地時間を短くすることで、地面から得た力をロスすることなく推進力につなげることができる。

## ●プライオメトリクス

接地の瞬間に地面から反力を得て弾む感覚を身につけよう。足首の角度を変えずに接地することで、接地時間が短くなり、弾む感覚が得られる。

動作やタイミングを

**動画でCHECK!**

**URL** https://www.youtube.com/watch?v=py98FxN7Ex0

接 地　脚のさばき　タイミング

足首の角度を保つことでバネ効果が得られる

接 地
脚のさばき
タイミング

## ●バウンディング

ここまでに修得した接地の脚の使い方を応用して、接地で地面から得た反力を前に進む推進力につなげていくためのドリル。地面から得たエネルギーを最大限に生かす。大きな力を発揮して地面を真下に押して大きく前に弾むことが大切。

動作やタイミングを

**動画でCHECK!**

**URL** https://www.youtube.com/watch?v=Wld7XBQQtwl

## ●ポップコーンスキップ

その名の通り、地面で弾むようにスキップする。接地は両足で行い、一歩ごとに脚を入れ替えて左右交互のスキップになる。接地で地面に弾んだ瞬間にひざを曲げて脚を引き上げよう。

動作やタイミングを
動画でCHECK!
URL https://www.youtube.com/watch?v=IyxxdKPucCw

接　地　｜　脚のさばき　｜　タイミング

両足同時に接地して地面からの反力を得る
接地時間を短くし、脚の引き上げで体を前に運ぶ

体が空中にあるタイミングで接地に向けて前の脚がスイングを開始。後方の脚も前にスイングを開始させるのがポイント

## ●ホッピング

実際のランで支持脚を曲げて体の前で回転す感覚を身につけるためのドリル。「バウンディング（120ページ参照）」の要領で接地した脚で弾むタイミングでもう一方の脚を振り上げて前に弾む。振り上げた脚を空中で回し、最初と同じ足で接地する。非利き足を苦手とする人が多いため、両方で変わりなくできるようにしておくことが大切だ。

**動作やタイミングを**
**動画でCHECK!**

**URL** https://www.youtube.com/watch?v=v4VrQdpELhE

スキルを修得!

ランニングドリル ❹

# 横方向の動きにキレを出すためのドリル

横への動きを素早くできるようにあするためのドリル。サイドステップをする際に動員される筋肉の連動性（運動連鎖）を高めることでキレのある動きができるようになる。

腕振りのタイミングに合わせて支持脚の中臀筋と内転筋を使って大きくジャンプ

接　地　｜　脚のさばき　｜　タイミング

地面で弾んだ後にひざを折りたたんで空中で素早く脚を入れ替える
ひざから下を固め、接地のタイミングに合わせた脚の振り上げで地面に弾む

## ●ラテラルステップ（右向き）

腕振りに合わせて支持脚の中臀筋と内転筋を利用して横方向に重心移動する。非利き足側でも同様にできるようにしておくことが大切だ。

**動作やタイミングを**
**動画でCHECK!**
**URL** https://www.youtube.com/watch?v=xxB33kJs1dl

接　地　｜　脚のさばき　｜　タイミング

骨盤を水平に保ち、体が流れないように注意

腕振りにタイミングを合わせ、支持脚側の中臀筋を使って上に跳ねる

## ●片脚ラテラルジャンプ(外脚)

横向きで進行方向と逆側の脚(外脚)を支持脚として、片脚でミニハードルを超えていくドリル。支持脚側の腕を振り上げるタイミングに合わせて上にジャンプする。骨盤を水平に保って、できるだけ上体を傾けずに、支持脚側の中臀筋を使って跳ねることが大切。利き足側と非利き足側の差が大きい人が多いので、かならず両側でやっておこう。

動作やタイミングを
**動画でCHECK!**

**URL** https://www.youtube.com/watch?v=JxGoNQlZqhU

腕振りにタイミングを合わせ、支持脚側の内転筋を使って上に跳ねる

## ●片脚ラテラルジャンプ(内脚)

横向きで進行側の脚（内脚）を支持脚として、片脚でミニハードルを超えていくドリル。支持脚側の腕を振り上げるタイミングに合わせて上にジャンプする。骨盤を水平に保って、できるだけ上体を傾けずに、支持脚側の内転筋を使って跳ねることが大切。外脚より難易度が高くなるが、非利き足側でもできるようにしておくことが大切だ。

動作やタイミングを
**動画でCHECK!**

**URL** https://www.youtube.com/watch?v=r692jzr-Til

接　地
脚のさばき
タイミング
着地ではできるだけ骨盤を水平に保ち、上体が流れないように注意する

接　地
脚のさばき
タイミング
着地ではできるだけ骨盤を水平に保ち、上体が流れないように注意する

## おわりに

「走る」という動作は、誰もが幼いころから慣れ親しんでいる人間の基本動作の一つです。そして、多くの人がその「自己流」の走り方に疑問を抱くことなく、さまざまなスポーツ競技に従事しているのも事実です。

しかし、いつまでも自己流のままでは、出せるスピードに限界が生じます。さらに高いレベルを目指すためには、正しい体の使い方を覚えることが大切です。スピードを出すためには、自己流で走っていた時とは、全く異なる体の使い方が必要になるのです。それは、普段の競技動作から身につけられるものではありません。

実際、陸上競技のトップランナーたちは、自分のフォームや感覚をチェックしながら、つねに自分に疑問を投げかけることで、速い走りを追求しています。

本書を通じて、自分の走りをセルフジャッジできるようになり、誰もがより速く走れるフォームを手に入れていただければ光栄に思います。

五味宏生

## 著者プロフィール

*Author*

### 五味 宏生

（ごみ・こうき）

1983年9月24日埼玉県出身。日本陸上競技連盟医事委員会トレーナー部委員。日本スポーツ協会公認アスレティックトレーナー。早稲田大学スポーツ医科学学術院（スポーツ科学修士）在籍と並行し日本理療専門学校にて鍼灸按摩、マッサージ指圧師を取得。卒業後より帝京大学スポーツ医科学センターにてアスリートをサポート。日本陸上競技連盟医事委員会トレーナー部委員も務め、現在はフリーでおもに陸上競技のトレーナーとしてケア、リハビリテーションからトレーニングまで幅広い領域で活躍。大迫傑や福島千里などのトップランナーのトレーナーも務める

## モデル

*Models*

### 福島 千里

（ふくしま・ちさと）

1988年6月27日北海道出身。セイコーホールディングス所属。女子100m、200mの日本記録保持者。北京・ロンドン・リオデジャネイロオリンピックで日本代表として活躍。2022年に現役を引退。自己ベスト記録：女子60m7秒29、女子100m11秒21、女子200m22秒88

### 草野 誓也

（くさの・せいや）

1988年1月13日神奈川県出身。Accel所属。順天堂大学大学院修了。2018、2020全日本実業団100m優勝。2021世界リレー代表候補。自己ベスト記録：男子100m10秒28。

### 吉田 力

（よしだ・ちから）

2002年9月11日千葉県出身。専修大学付属松戸高校→中央大学。自己ベスト記録：男子800m1分51秒84。


## 制作スタッフ

*Staff*

編　　集：権藤海裕（Les Ateliers）
本文デザイン：LA Associates
イ ラ ス ト：村上サトル　庄司猛
撮　　影：河野大輔　織田真里
カバーデザイン：相原真理子

# 走り方新時代

## 「前回しの走り」で足は速くなる

2023年1月31日　初版第1刷発行

---

著　者……五味宏生
発行者……角竹輝紀
発行所……株式会社マイナビ出版
〒101-0003　東京都千代田区一ツ橋 2-6-3 一ツ橋ビル 2F
電話 0480-38-6872（注文専用ダイヤル）
03-3556-2731（販売部）
03-3556-2735（編集部）
URL　https://book.mynavi.jp/

印刷・製本……………中央精版印刷株式会社

---

※定価はカバーに記載してあります。
※落丁本・乱丁本についてのお問い合わせは、TEL0480-38-6872（注文専用ダイヤル）か、電子メール sas@mynavi.jp までお願いいたします。
※本書について質問等がございましたら、往復はがきまたは返信切手、返信用封筒を同封のうえ、（株）マイナビ出版編集第2部書籍編集1課までお送りください。
お電話でのご質問は受け付けておりません。


---

ISBN978-4-8399-8104-4